Livre des nouvelles habitudes efficaces et réussies

Changer les habitudes pour développer la richesse,
Intelligence émotionnelle
& Guide de la perte de poids
par Brian Mahoney

Table des matières

Introduction : Le pouvoir des habitudes

Chapitre 1 Pourquoi nous prenons de mauvaises habitudes

Chapitre 2 Rompre le cycle

Chapitre 3 Le coût de l'immobilisme

Chapitre 4 Réinitialiser les habitudes alimentaires

Chapitre 5 Le mouvement en tant que mode de vie

Chapitre 6 L'esprit au-dessus de l'assiette

Chapitre 7 Rompre le cycle des dépenses excessives

Chapitre 8 Construire une discipline financière

Chapitre 9 L'état d'esprit de la richesse

Chapitre 10 Comprendre l'intelligence émotionnelle

Chapitre 11 Remplacer la réactivité par la réponse

Chapitre 12 Renforcer les relations grâce au QE

Chapitre 13 L'empilement des habitudes pour réussir

Chapitre 14 Le rôle de la responsabilité

Chapitre 15 Célébrer les étapes importantes

Conclusion

Glossaire

Clause de non-responsabilité

Les informations présentées dans ce livre sont uniquement destinées à des fins éducatives et informatives. Bien que les stratégies et les conseils proposés soient basés sur des principes largement reconnus de développement personnel, de santé, de finance et d'intelligence émotionnelle, ils ne sont pas destinés à servir de conseils médicaux, financiers ou psychologiques professionnels.

Avant d'apporter des changements importants à votre régime alimentaire, à votre routine d'exercice ou à vos pratiques financières, il est fortement recommandé de consulter un professionnel agréé, tel qu'un médecin, un conseiller financier ou un thérapeute, afin de vous assurer que les mesures que vous prenez sont adaptées à votre situation personnelle.

L'auteur et l'éditeur ne sont pas responsables des blessures, des pertes financières ou des troubles émotionnels qui pourraient résulter de la mise en œuvre des informations fournies dans ce livre. Toute action entreprise sur la base du contenu de ce livre l'est à vos propres risques.

Tous les efforts ont été faits pour assurer l'exactitude des informations contenues dans ce livre, mais l'auteur et l'éditeur ne donnent aucune garantie quant aux résultats que vous pourriez obtenir. La réussite dépend en fin de compte de votre engagement personnel, des circonstances et de la constance avec laquelle vous appliquerez les stratégies présentées.

En utilisant ce livre, vous reconnaissez et acceptez ces conditions.

Introduction : Le pouvoir des habitudes

Les habitudes sont les éléments constitutifs de notre vie quotidienne. Du moment où vous vous réveillez à celui où vous vous couchez, la plupart de vos actions sont guidées par des routines automatiques plutôt que par des décisions conscientes. Ces habitudes peuvent soit vous propulser vers le succès, soit vous enfermer dans des cycles de frustration, de doute et d'occasions manquées.

Ce livre a pour but d'exploiter le pouvoir de transformation des habitudes afin d'éliminer celles qui ne vous servent pas et de les remplacer par d'autres qui vous permettront d'avoir un corps plus sain, un avenir plus riche et une intelligence émotionnelle plus forte. En comprenant la science des habitudes et en appliquant des stratégies pratiques, vous pouvez changer radicalement la trajectoire de votre vie.

1. La force invisible qui façonne votre vie

Les habitudes fonctionnent comme un système de pilotage automatique, guidant vos actions sans nécessiter de réflexion ou d'effort constant. Elles sont efficaces et permettent d'économiser de l'énergie mentale en exécutant des tâches sans trop réfléchir. Toutefois, cette même efficacité peut s'avérer préjudiciable lorsque de mauvaises habitudes s'installent.

Exemples du pouvoir des habitudes :

   Habitudes positives : Se brosser les dents, faire de l'exercice régulièrement ou respecter un budget.

   Habitudes négatives : Grignotage inconsidéré, procrastination ou dépenses excessives.

Vos habitudes ne se limitent pas à votre routine quotidienne ; elles déterminent les résultats que vous obtiendrez en matière de santé, de finances, de relations et de bien-être émotionnel.

Aperçu clé :

Les petites habitudes, répétées avec constance, ont un effet cumulatif au fil du temps. Un comportement apparemment insignifiant aujourd'hui peut conduire à des résultats significatifs dans les mois ou les années à venir.

Tâche de réflexion :

Identifiez une habitude, bonne ou mauvaise, qui a eu un impact significatif sur votre vie. Écrivez comment elle a façonné votre situation actuelle.

2. Pourquoi nous avons du mal à nous défaire de nos mauvaises habitudes

Inverser les mauvaises habitudes peut sembler une bataille difficile, et il y a une raison à cela : les habitudes sont profondément ancrées dans le cerveau. Le cycle de l'incitation, de la routine et de la récompense forme une boucle puissante dont il est difficile de se défaire.

La boucle des habitudes :

Indice : élément déclencheur de l'habitude.

Routine : L'action que vous entreprenez en réponse à l'indice.

Récompense : Le bénéfice ou le soulagement que vous obtenez et qui renforce le comportement.

Les mauvaises habitudes sont souvent alimentées par des récompenses immédiates, même si les conséquences à long terme sont néfastes. En voici un exemple :

La suralimentation apporte un réconfort immédiat mais entraîne une prise de poids.

Les achats impulsifs procurent une excitation temporaire mais nuisent à vos finances.

Réagir émotionnellement aux conflits a un effet cathartique mais nuit aux relations.

Tâche de réflexion :

Pensez à une mauvaise habitude avec laquelle vous luttez. Identifiez son indice, sa routine et sa récompense.

3. Le potentiel de transformation

La bonne nouvelle, c'est que les habitudes ne sont pas gravées dans le marbre. Ce sont des schémas, et il est possible de les modifier en adoptant la bonne approche. En comprenant le fonctionnement des habitudes et en apprenant à les remplacer consciemment, vous pouvez transformer des cycles destructeurs en cycles stimulants.

Pensez-y :

Au lieu de vous tourner vers la malbouffe lorsque vous êtes stressé, vous pouvez vous entraîner à faire une promenade ou à pratiquer la respiration profonde.

Au lieu d'éviter la planification financière, vous pouvez prendre l'habitude de suivre vos dépenses quotidiennement.

Au lieu de réagir impulsivement dans des situations chargées d'émotion, vous pouvez apprendre à faire une pause et à choisir une réponse réfléchie.

L'objectif n'est pas d'éliminer les habitudes, mais d'en créer de meilleures. Ce faisant, vous gagnez le contrôle de vos actions et vous créez une vie conforme à vos aspirations.

Mesures à prendre :

Notez une mauvaise habitude que vous souhaitez abandonner et réfléchissez à une habitude plus saine pour la remplacer.

4. L'importance de ce livre

Ce livre est votre guide de la transformation. Il ne s'agit pas seulement de se débarrasser de mauvaises habitudes, mais de retrouver le pouvoir de façonner sa vie intentionnellement. Que votre objectif soit de perdre du poids, d'acquérir une stabilité financière ou de renforcer vos relations, les stratégies de ce livre vous permettront de.. :

Identifiez les habitudes qui vous empêchent d'avancer.

Comprendre les éléments déclencheurs sous-jacents et les récompenses qui les motivent.

Remplacer les schémas destructeurs par des comportements positifs et durables.

Ce que vous apprendrez :

La psychologie et la science des habitudes.

Des techniques pratiques pour reconnecter votre comportement.

Comment créer un système de responsabilité et célébrer les progrès.

Grâce à ce processus, vous découvrirez votre potentiel, non seulement pour atteindre vos objectifs, mais aussi pour construire une vie pleine de sens, de discipline et d'épanouissement.

5. Votre voyage commence ici

Se défaire de ses mauvaises habitudes et en acquérir de meilleures est un parcours, et non une solution miracle. Cela demande de l'engagement, de la conscience de soi et de la résilience. Mais les récompenses changent la vie. Imaginez une version de vous-même qui :

Vous vous réveillez plein d'énergie et confiant, sachant que vous faites des choix qui favorisent votre santé.

Vous avez le sentiment de maîtriser vos finances et d'être enthousiaste à l'idée de votre avenir financier.

Navigue dans les relations avec empathie, patience et intelligence émotionnelle.

Cette transformation est possible et elle commence par un petit pas à la fois.

Tâche finale :

Fixez une intention pour ce voyage. Écrivez un domaine spécifique de votre vie que vous vous engagez à améliorer grâce aux stratégies de ce livre.

Réflexions finales sur le pouvoir des habitudes

Les habitudes ne sont pas seulement des actions - elles sont l'expression de ce que vous êtes et de ce que vous devenez. En prenant en charge vos habitudes, vous prenez en charge votre destin. Ce livre vous servira de feuille de route pour inverser vos mauvaises habitudes et libérer la version plus saine, plus riche et émotionnellement intelligente de vous-même qui n'attend que d'émerger.

Commençons.

Chapitre 1 :
Pourquoi nous prenons de mauvaises habitudes

Guide de l'instructeur pour comprendre et combattre les mauvaises habitudes

Bienvenue ! Vous êtes ici parce que vous reconnaissez que certaines de vos habitudes vous empêchent d'avancer, et c'est un premier pas courageux et puissant. Commençons par comprendre pourquoi ces habitudes existent, car le fait de connaître le " pourquoi " nous donne les outils nécessaires pour les changer.

1. Que sont les habitudes ?

Les habitudes sont des actions automatiques que votre cerveau a programmées pour économiser de l'énergie. Pensez à vous brosser les dents ou à lacer vos chaussures - vous n'avez pas besoin d'y penser, cela se fait tout seul. C'est le bon côté des habitudes.

Le problème se pose lorsque les habitudes se retournent contre vous, comme le fait de faire défiler les médias sociaux pendant des heures ou de trop manger lorsque l'on est stressé. Il s'agit de schémas que votre cerveau a appris parce que, à un moment donné, ils vous ont permis de vous sentir mieux ou de résoudre un problème, même si ce n'est que temporairement.

2. Comprendre la boucle des habitudes

Pour corriger les mauvaises habitudes, il faut d'abord comprendre comment elles fonctionnent. Chaque habitude se compose de trois parties :

    Indice (déclencheur) : C'est ce qui déclenche votre habitude. Il peut s'agir d'une émotion, d'un moment de la journée ou même d'une odeur.

    Exemple : Vous vous ennuyez au travail.

    Routine (comportement) : Il s'agit de l'action que vous entreprenez en réponse à l'indice.

Exemple : Vous prenez un paquet de chips pour grignoter.

La récompense : Il s'agit de la récompense qui renforce le comportement, même si elle est de courte durée.

Exemple : Vous éprouvez un bref sentiment de plaisir en mangeant des chips.

Votre tâche :

Pensez à une mauvaise habitude que vous aimeriez changer. Notez-la :

L'indice qui le déclenche.

La routine que vous suivez.

La récompense que vous obtenez.

3. Pourquoi les mauvaises habitudes perdurent-elles ?

Les mauvaises habitudes perdurent parce qu'elles vous donnent quelque chose que vous voulez - généralement, une gratification instantanée. Voyons cela de plus près :

Vous vous sentez stressé (indice), alors vous regardez la télévision en boucle (routine) pour vous détendre (récompense).

Le problème ? Cette "récompense" est temporaire et ne s'attaque pas au problème de fond - votre stress.

Les mauvaises habitudes se développent également dans des environnements qui les facilitent. Pensez-y : si la malbouffe est toujours présente dans votre maison, il est plus difficile de l'éviter. Ou si votre téléphone est à portée de main, le défilement devient automatique.

Votre tâche :

Passez une journée à vous observer. Quelles sont les habitudes que vous prenez sans y penser ? Qu'est-ce qui les déclenche ? Notez tout ce que vous pouvez.

4. Renforcez-vous vos mauvaises habitudes ?

Parfois, nous renforçons de mauvaises habitudes sans nous en rendre compte. C'est le cas par exemple :

Le fait de se dire "J'échoue toujours dans mes régimes" donne à votre cerveau une excuse pour arrêter d'essayer.

Des phrases comme "Je suis un oiseau de nuit" peuvent vous empêcher de mettre en place une routine matinale productive.

Voici la vérité : les histoires que vous vous racontez façonnent vos habitudes. Si vous vous considérez comme quelqu'un qui ne peut pas changer, vos habitudes en seront le reflet.

Votre tâche :

Notez toutes les étiquettes que vous vous êtes données (par exemple, "Je ne suis pas doué pour l'argent"). Remettez-les en question en posant la question suivante : "Est-ce vraiment vrai ou s'agit-il simplement d'une habitude de pensée ? "Est-ce vraiment vrai ou s'agit-il simplement d'une habitude de pensée ?"

5. Les coûts cachés des mauvaises habitudes

Les mauvaises habitudes ne sont pas seulement ennuyeuses, elles ont un prix.

Santé : La procrastination de l'exercice ou une mauvaise alimentation affecte votre corps.

La richesse : Les dépenses excessives ou l'absence d'épargne nuisent à votre stabilité financière.

Les émotions : Réagir au lieu de réfléchir peut nuire à vos relations et à votre estime de soi.

Posez-vous la question :

En quoi cette habitude m'empêche-t-elle d'avancer ?

À quoi ressemblerait ma vie si je la remplaçais par quelque chose de mieux ?

Votre tâche :

Notez ce qu'une mauvaise habitude vous coûte dans chaque domaine : santé, richesse et émotions. Soyez honnête avec vous-même.

6. Commençons modestement : votre premier pas vers le changement

Pour changer une mauvaise habitude, il n'est pas nécessaire de tout régler en même temps. Commencez par comprendre une habitude et ses déclencheurs. Pour l'instant, concentrez-vous sur la prise de conscience.

Tenez un journal : Pendant une semaine, notez le moment où votre mauvaise habitude se manifeste, ce qui l'a déclenchée et ce que vous avez ressenti par la suite.

Posez la question "Pourquoi ? Creusez en profondeur. Pourquoi vous tournez-vous vers cette habitude ? Quel besoin essayez-vous de satisfaire ?

N'oubliez pas que les mauvaises habitudes ne sont souvent que des solutions à des besoins non satisfaits. Une fois que vous avez compris le besoin, vous pouvez trouver des moyens plus sains de le satisfaire.

Chapitre 2 :
Rompre le cycle des mauvaises habitudes

Bienvenue ! Vous avez maintenant franchi la première étape : comprendre le pourquoi de vos mauvaises habitudes. C'est un excellent travail. Maintenant, passons à la vitesse supérieure et parlons de la façon de se libérer de ces cycles et de commencer à créer un changement durable. Ce chapitre est consacré aux stratégies - simples, pratiques et efficaces.

1. Reconnaître le pouvoir de la prise de conscience

La première étape pour se débarrasser d'une habitude consiste à la mettre en lumière. De nombreuses mauvaises habitudes se développent dans l'obscurité - elles sont si automatiques que nous ne nous en rendons même pas compte.

Imaginez ceci : Vous entrez dans votre cuisine et, sans réfléchir, vous prenez un en-cas. Pourquoi ? Parce que c'est une habitude. Mais que se passerait-il si vous vous posiez la question suivante : "Ai-je vraiment faim ?". C'est à ce moment de prise de conscience que le changement commence.

Votre tâche :

Au cours de la semaine prochaine, utilisez cette simple technique d'interruption des habitudes :

Lorsque vous vous apercevez que vous êtes sur le point de prendre une mauvaise habitude, faites une pause.

Posez-vous la question :

Qu'est-ce que je ressens en ce moment ?

Pourquoi suis-je sur le point de faire cela ?

Existe-t-il une manière plus saine de gérer ce moment ?

2. Remplacer, ne pas enlever

Il est vrai que les habitudes sont difficiles à "casser", mais elles peuvent être remplacées. Le cerveau n'aime pas le vide. Si vous essayez de mettre fin à une mauvaise habitude sans la remplacer par quelque chose d'autre, vous risquez de revenir en arrière.

Exemple :

> Vieille habitude : Prendre un soda sucré tous les après-midi.

> Habitude de remplacement : Prendre de l'eau gazeuse ou une tisane à la place.

Remarquez que vous continuez à satisfaire votre envie de boire, mais en choisissant une boisson plus saine.

Votre tâche :

Choisissez une mauvaise habitude sur laquelle vous voulez travailler cette semaine. Notez-la :

> L'habitude que vous voulez remplacer.

> Une alternative positive qui répond au même besoin.

> Engagez-vous à pratiquer le remplacement pendant une semaine.

3. Contrôlez votre environnement

De nombreuses habitudes sont influencées par l'environnement. Si votre environnement soutient votre mauvaise habitude, c'est comme si vous essayiez de nager à contre-courant. En changeant votre environnement, vous faciliterez le changement de votre comportement.

Exemples :

Problème : Vous mangez trop de malbouffe.

Solution : Éliminez la malbouffe de votre maison et faites des provisions d'en-cas sains.

Problème : Vous procrastinez en regardant la télévision.

Solution : Rangez votre télécommande dans un tiroir et placez un livre ou votre matériel de travail sur le canapé.

Votre tâche :

Choisissez une habitude liée à votre environnement. Ensuite :

Identifiez l'élément déclencheur dans votre environnement.

Changez cette partie de votre environnement pour rendre l'habitude plus difficile à prendre.

4. Utiliser le pouvoir des petites victoires

Les grands changements échouent souvent parce qu'ils sont accablants. Au lieu de cela, il faut viser de petites victoires faciles à gérer qui donnent de l'élan au fil du temps.

Exemple :

Au lieu de dire "Je vais m'entraîner pendant une heure tous les jours", commencez par 5 minutes.

Si vous souhaitez réduire le temps passé devant un écran, commencez par le réduire de 10 minutes par jour.

La clé est la cohérence. Les petites victoires conduisent à de grands changements.

Votre tâche :

Identifiez une "petite victoire" à laquelle vous pouvez vous atteler aujourd'hui. Quelle est l'action minuscule qui vous fait avancer dans la bonne direction ? Notez-la et engagez-vous à la réaliser chaque jour pendant une semaine.

5. Rendre des comptes pour rester sur la bonne voie

Soyons réalistes : il est difficile de changer ses habitudes tout seul. Le fait d'avoir quelqu'un pour vous tenir au courant peut faire toute la différence.

Exemples d'outils de responsabilisation :

    Système de parrainage : Trouvez un ami ou un membre de votre famille qui pourra suivre vos progrès.

    Engagements publics : Partagez vos objectifs avec d'autres personnes - vous créerez ainsi une pression externe qui vous poussera à aller jusqu'au bout.

    Suivi des progrès : Utilisez une application de suivi des habitudes ou un simple calendrier pour marquer chaque jour où vous respectez votre objectif.

Votre tâche :

Choisissez une méthode de responsabilisation qui vous convient. Notez-la et mettez-la en place dès aujourd'hui.

6. Pratiquer l'autocompassion

Se défaire d'une habitude n'est pas un chemin tout tracé. Vous aurez des revers, et c'est normal. L'objectif n'est pas la perfection, mais le progrès.

Lorsque vous dérapez, évitez de vous en vouloir. Posez-vous plutôt la question :

Qu'est-ce qui a déclenché cela ?

Comment puis-je mieux me préparer pour la prochaine fois ?

Traitez-vous avec la même gentillesse que vous offririez à un ami.

Votre tâche :

Rédigez une déclaration d'autocompassion que vous pouvez utiliser lorsque vous dérapez. Exemple :

"C'est normal d'avoir des échecs. J'apprends et je m'améliore chaque jour."

7. Rompre le cycle en action

Voici un résumé des étapes à suivre pour vous défaire de votre mauvaise habitude :

Reconnaître l'habitude : Faire prendre conscience de l'habitude.

Remplacez-le : Choisissez une alternative plus saine.

Restructurez votre environnement : Éliminez les déclencheurs et les tentations.

Commencez modestement : Concentrez-vous sur des actions cohérentes et gérables.

Restez responsable : Obtenez du soutien et suivez vos progrès.

Soyez gentil avec vous-même : Tirez les leçons des échecs et continuez à aller de l'avant.

Dans le prochain chapitre, nous examinerons plus en détail les coûts cachés des mauvaises habitudes et leur impact sur votre santé, votre patrimoine et votre bien-être émotionnel. Pour l'instant, concentrez-vous sur l'observation, le remplacement et la mise en pratique de ces stratégies.

N'oubliez pas que le changement est un processus et que vous vous en sortez très bien !

Chapitre 3 : Le coût de l'immobilisme

Bienvenue au chapitre 3 ! Jusqu'à présent, nous avons discuté des raisons pour lesquelles les habitudes se forment et de la manière de commencer à briser le cycle. Mais arrêtons-nous un instant et posons-nous la question : Que se passera-t-il si je ne change pas ?

Il ne s'agit pas de vous effrayer, mais de vous aider à comprendre le coût réel de vos mauvaises habitudes. Une fois que vous aurez pris conscience de ce que vous risquez de perdre, vous serez encore plus motivé pour vous créer un avenir meilleur.

1. Le coût sanitaire des mauvaises habitudes

Les mauvaises habitudes font des ravages sur votre corps au fil du temps. Les dommages ne sont peut-être pas visibles immédiatement, mais au fil des mois et des années, les conséquences peuvent s'accumuler.

Coûts de santé courants :

Mauvais choix alimentaires : Peut entraîner une prise de poids, des maladies cardiaques, du diabète et de la fatigue.

Le manque d'exercice : affaiblit les muscles, diminue l'endurance et contribue aux maladies chroniques.

Le stress et les mauvaises habitudes de sommeil : Diminuent votre système immunitaire, augmentent votre tension artérielle et vous laissent un sentiment d'épuisement mental.

L'épreuve de vérité :

Imaginez-vous dans 5, 10 ou 20 ans. Quel sera l'impact de ces habitudes sur votre santé physique ? Aurez-vous l'énergie nécessaire pour profiter de la vie, voyager ou jouer avec vos enfants ou petits-enfants ?

Votre tâche :

Notez une mauvaise habitude que vous avez actuellement. Ensuite, décrivez brièvement les effets qu'elle pourrait avoir sur vous si vous la conserviez pendant les dix prochaines années.

2. Le coût financier des mauvaises habitudes

Les mauvaises habitudes peuvent tranquillement vider votre portefeuille. Pensez à vos dépenses quotidiennes ou à vos décisions de dépenses impulsives - combien vous coûtent-elles réellement ?

Exemples de coûts financiers :

Courses quotidiennes au café ou plats à emporter : 5 $ par jour, cela peut sembler peu, mais sur une année, cela représente près de 2 000 $.

Achats impulsifs : Les vêtements, les gadgets ou les abonnements que vous n'utilisez pas peuvent s'accumuler rapidement.

Occasions manquées : Dépenser au lieu d'épargner ou d'investir limite votre croissance financière.

L'épreuve de vérité :

Imaginez l'état de vos finances si vous réorientez ne serait-ce qu'une partie de vos dépenses vers l'épargne ou l'investissement.

Votre tâche :

Passez en revue vos dépenses récentes. Identifiez une habitude ou une dépense que vous pourriez réduire. Écrivez combien vous économiserez en un mois et en un an en changeant cette habitude.

3. Le coût émotionnel des mauvaises habitudes

Les mauvaises habitudes n'affectent pas seulement votre corps et votre compte en banque, elles pèsent aussi sur votre esprit et votre cœur.

Coûts émotionnels :

　Faible estime de soi : Le fait de ne pas réussir à changer à plusieurs reprises peut vous donner un sentiment de défaite ou de blocage.

　Des relations endommagées : La négligence des proches, une mauvaise communication ou la réactivité peuvent mettre à mal vos relations.

　Surcharge mentale : Le stress lié à la procrastination ou aux tâches inachevées peut vous donner l'impression d'être débordé.

L'épreuve de vérité :

À quoi ressemblerait votre vie émotionnelle si vous remplaciez une mauvaise habitude par une habitude saine et stimulante ? Pourriez-vous être plus confiant, moins stressé ou plus proche des personnes qui vous sont chères ?

Votre tâche :

Pensez à une mauvaise habitude qui a un impact négatif sur vos émotions ou vos relations. Écrivez comment votre vie s'améliorerait sur le plan émotionnel si vous la surmontiez.

4. Coûts d'opportunité : Qu'est-ce qui vous échappe ?

Chaque mauvaise habitude nous fait perdre du temps et de l'énergie qui pourraient être consacrés à quelque chose de plus important. Prenons un exemple :

　Le temps : La procrastination, le binge-watching ou le défilement sans intérêt pourraient être mis à profit pour acquérir de nouvelles compétences, nouer des relations ou travailler à la réalisation de vos rêves.

L'énergie : Les mauvaises habitudes drainent l'énergie mentale et physique, vous laissant trop épuisé pour poursuivre vos objectifs.

L'épreuve de vérité :

Posez-vous la question : Que pourriez-vous accomplir si vous vous libériez de vos mauvaises habitudes pendant une heure par jour ?

Votre tâche :

Notez un objectif important que vous remettez à plus tard. Calculez maintenant le temps que vous gagneriez chaque semaine en supprimant une habitude qui vous fait perdre du temps.

5. Le coût des regrets

Le regret est l'un des fardeaux les plus lourds de la vie. Imaginez que vous regardiez en arrière, dans plusieurs années, et que vous regrettiez d'avoir fait des choix différents. La bonne nouvelle, c'est que vous êtes là et que vous avez le pouvoir de changer. Vous êtes ici et vous avez le pouvoir de changer.

L'épreuve de vérité :

Pensez à la version future de vous-même. Quels conseils vous donnerait-elle sur les habitudes que vous devez changer aujourd'hui ?

Votre tâche :

Rédigez une lettre de votre "moi futur" à votre moi actuel, expliquant comment votre vie s'est améliorée lorsque vous avez commencé à vous défaire de vos mauvaises habitudes.

6. Passer de la prise de conscience à l'action

Vous avez maintenant réfléchi à l'impact de vos mauvaises habitudes sur votre santé, votre patrimoine et vos émotions. Transformons cette prise de conscience en motivation :

Rédigez une déclaration expliquant pourquoi vous voulez changer. Exemple :

"Je veux me sentir pleine d'énergie et confiante dans mon corps afin de pouvoir jouer avec mes petits-enfants sans être fatiguée.

"Je veux me constituer un patrimoine pour pouvoir prendre une retraite confortable et subvenir aux besoins de ma famille.

Réflexions finales

Rester dans la même situation a un prix - un prix qui augmente au fur et à mesure que vous attendez. Mais voici la bonne nouvelle : chaque mesure que vous prenez aujourd'hui, aussi petite soit-elle, réduit ce coût et vous rapproche de la vie que vous souhaitez.

Dans le prochain chapitre, nous verrons comment inverser certaines mauvaises habitudes, en commençant par votre santé physique. Pour l'instant, restez concentré sur ce qui est en jeu et utilisez-le comme carburant pour le changement. Vous faites un travail extraordinaire, continuez !

Chapitre 4 : Réinitialiser les habitudes alimentaires

L'alimentation est l'une des influences les plus puissantes sur votre santé physique, votre énergie et votre bien-être général. Pourtant, les habitudes alimentaires sont aussi parmi les plus difficiles à changer. Pourquoi ? Parce que la nourriture est liée à nos émotions, à nos habitudes et même à notre vie sociale. Dans ce chapitre, nous verrons comment modifier vos habitudes alimentaires pour les aligner sur vos objectifs de santé, sans vous sentir privé ou dépassé.

1. Pourquoi nous luttons contre les habitudes alimentaires

Les habitudes alimentaires sont souvent influencées par :

Les émotions : Le stress, l'ennui ou la tristesse peuvent être à l'origine d'une alimentation émotionnelle.

La commodité : La restauration rapide et les en-cas transformés sont faciles à préparer, mais souvent mauvais pour la santé.

Environnement : Les options malsaines peuvent être plus accessibles que les options nutritives.

Comportement acquis : De nombreuses habitudes alimentaires remontent à l'enfance, comme le fait de finir tout ce qu'il y a dans son assiette ou d'utiliser la nourriture comme une récompense.

La clé pour reconnecter vos habitudes alimentaires est de reconnaître ces schémas et d'apprendre à les interrompre.

2. Commencer par la prise de conscience

L'exercice du journal alimentaire :

Avant de changer vos habitudes alimentaires, vous devez les comprendre. Pendant une semaine, tenez un journal alimentaire. Notez :

- Ce que vous mangez (tout, même les en-cas).
- Quand vous mangez (heure de la journée).
- Les raisons pour lesquelles vous mangez (faim, stress, ennui, fête, etc.).
- Ce que vous ressentez après coup (satisfaction, culpabilité, énergie, etc.).

Pourquoi cela fonctionne-t-il ?

Cet exercice permet de mettre en évidence des habitudes, comme le fait de manger par habitude plutôt que par faim ou de choisir des options malsaines en cas de stress. La prise de conscience est le premier pas vers le changement.

3. Rompre le cycle de l'alimentation émotionnelle

L'alimentation émotionnelle commence souvent par un élément déclencheur : le stress, l'ennui ou la tristesse. La clé est de remplacer le comportement par quelque chose de plus sain.

Étapes à suivre pour mettre fin à l'alimentation émotionnelle :

Identifiez l'élément déclencheur : Faites une pause et posez-vous la question suivante : "Ai-je vraiment faim ou est-ce une réaction émotionnelle ?"

Interrompez le cycle : Choisissez une autre activité, comme la marche, la rédaction d'un journal ou l'appel d'un ami.

Mangez en pleine conscience : Lorsque vous mangez, concentrez-vous sur les saveurs, les textures et le plaisir de la nourriture. Cela permet de réduire les excès alimentaires et de se satisfaire de portions plus petites.

4. Planifiez vos repas avec intention

Une alimentation saine commence par la planification. Lorsque vous avez des options nutritives à portée de main, il est plus facile de faire de meilleurs choix.

Les étapes d'une planification réussie :

Préparation des repas : Réservez du temps chaque semaine pour préparer des repas ou des en-cas sains.

Approvisionnez votre cuisine : Gardez à portée de main des aliments nutritifs comme les fruits, les légumes, les céréales complètes et les protéines maigres.

Préparez des portions pour vos en-cas : Au lieu de manger directement dans le sac, divisez les en-cas en portions individuelles pour éviter de trop manger.

Planifiez vos repas : Mangez à des heures régulières pour éviter de manger sans réfléchir.

Votre tâche :

Planifiez une journée de repas et d'en-cas. Notez-le et engagez-vous à le suivre.

5. Contrôlez votre environnement

Votre environnement joue un rôle important dans vos habitudes alimentaires. Si la malbouffe est à portée de main, il est plus difficile d'y résister.

Étapes à suivre pour créer un environnement alimentaire sain :

Loin des yeux, loin du cœur : Gardez les collations malsaines hors de vue ou de la maison.

Repères visuels : Présentez des options saines comme des fruits ou des noix sur le comptoir.

Des assiettes plus petites : Utilisez des assiettes plus petites pour contrôler les portions et éviter de trop manger.

Repas sans distraction : Évitez de manger devant des écrans pour rester attentif.

Votre tâche :

Apportez aujourd'hui un changement à votre environnement qui favorise une alimentation plus saine.

6. Prendre de meilleures habitudes, une étape à la fois

Changer ses habitudes alimentaires ne signifie pas qu'il faille revoir toute son alimentation du jour au lendemain. Concentrez-vous sur de petites étapes faciles à gérer.

Exemples de petites victoires :

Remplacez les sodas par de l'eau ou du thé.

Ajoutez une portion de légumes à votre dîner.

Préférez les céréales complètes aux glucides raffinés.

Préparez votre déjeuner au lieu d'aller au restaurant.

Votre tâche :

Choisissez un petit changement dans vos habitudes alimentaires. Mettez-le en pratique de manière cohérente pendant une semaine avant d'ajouter un autre changement.

7. Redéfinir les "gâteries" et les récompenses

La nourriture est souvent utilisée comme récompense, mais elle peut renforcer les mauvaises habitudes. Trouvez plutôt des moyens non alimentaires de vous réjouir ou de vous réconforter.

Exemples de récompenses non alimentaires :

Un bain relaxant.

Acheter un nouveau livre ou une nouvelle tenue.

Prendre le temps de s'adonner à un hobby.

Votre tâche :

Notez trois récompenses non alimentaires que vous utiliserez pour célébrer vos progrès.

8. L'équilibre, pas la perfection

Une alimentation saine n'est pas une question de perfection, mais d'équilibre. Il n'y a pas de mal à savourer ses aliments préférés de temps en temps. La clé, c'est la modération.

Conseils pour l'équilibre :

Suivez la règle des 80/20 : Mangez des aliments nutritifs 80 % du temps et accordez-vous des petits plaisirs pour les 20 % restants.

Contrôlez les portions : Vous pouvez savourer un dessert sans tomber dans l'excès.

Pardonnez-vous : Un faux pas ne doit pas ruiner vos progrès. Reprenez le cours de votre vie dès le prochain repas.

9. Les avantages à long terme

Lorsque vous modifiez vos habitudes alimentaires, vous constatez des changements qui vont bien au-delà du chiffre sur la balance :

Augmentation de l'énergie et de la concentration.

Amélioration de l'humeur et de la stabilité émotionnelle.

Amélioration de la digestion et de la santé générale.

Imaginez que vous vous sentez plus fort, plus confiant et que vous maîtrisez votre relation avec la nourriture. C'est la récompense que vous obtiendrez en faisant ces changements.

Réflexions finales

Renouveler ses habitudes alimentaires est un voyage, pas un sprint. Commencez modestement, restez cohérent et célébrez chaque victoire en cours de route. N'oubliez pas que vous ne changez pas seulement ce que vous mangez, vous transformez votre santé et votre vie.

Dans le prochain chapitre, nous aborderons un autre domaine clé : comment se constituer un patrimoine en se débarrassant de ses mauvaises habitudes financières. Pour l'instant, concentrez-vous sur des choix alimentaires réfléchis et intentionnels. Vous y arriverez !

Chapitre 5 :
Le mouvement comme mode de vie

Bienvenue à tous ! Nous avons parlé des habitudes alimentaires et il est maintenant temps de nous concentrer sur une autre pierre angulaire du bien-être : le mouvement. L'exercice ne consiste pas seulement à aller au gymnase, mais aussi à intégrer l'activité physique dans votre vie quotidienne d'une manière qui vous semble naturelle et durable.

Ce chapitre vous guidera dans les étapes à suivre pour recadrer votre façon de penser le mouvement, trouver des activités qui vous plaisent et développer un mode de vie qui favorise une version plus saine et plus énergique de vous-même.

1. L'importance du mouvement

L'activité physique a d'innombrables répercussions sur votre vie, bien au-delà de la combustion de calories ou du développement musculaire. Prenons le temps de comprendre pourquoi le mouvement est essentiel :

Stimule l'énergie : Une activité régulière augmente le flux sanguin et l'apport d'oxygène aux cellules, ce qui vous rend plus alerte et plus concentré.

Favorise la santé mentale : L'exercice libère des endorphines, des substances chimiques qui réduisent le stress, l'anxiété et la dépression.

Amélioration de la santé physique : Le mouvement renforce le cœur, les os et les muscles, tout en réduisant le risque de maladies chroniques.

Améliore la longévité : Les personnes actives sont plus susceptibles de vivre plus longtemps et en meilleure santé.

2. Changer d'état d'esprit par rapport au mouvement

De l'exercice au mouvement

De nombreuses personnes considèrent l'exercice comme une corvée ou une punition pour avoir trop mangé. Changeons cet état d'esprit. Le mouvement n'est pas une tâche à cocher - c'est une façon de célébrer ce que votre corps peut faire et d'investir dans votre santé.

L'objectif : trouver la joie dans le déménagement

La clé pour faire du mouvement un mode de vie est de trouver des activités qui vous plaisent vraiment. L'exercice n'a pas besoin d'être une séance de gymnastique ; il peut s'agir de danser, de jardiner, de marcher ou de pratiquer un sport.

Votre tâche :

Prenez cinq minutes pour réfléchir :

    Quels sont les types de mouvements que vous appréciez actuellement ?

    Quelles sont les nouvelles activités que vous êtes curieux d'essayer ?

3. Commencer modestement, construire la cohérence

Il n'est pas nécessaire de courir un marathon ou de passer des heures à faire de l'exercice pour obtenir des résultats. L'objectif est de privilégier la régularité à l'intensité.

Des idées pour de petites victoires :

Faites une promenade de 10 minutes après les repas.

S'étirer pendant 5 minutes le matin ou le soir.

Utilisez les escaliers au lieu de l'ascenseur.

Garez-vous plus loin pour ajouter des pas à votre journée.

Votre tâche :

Engagez-vous à atteindre un petit objectif de mouvement pour la semaine. Exemples :

"Je marcherai 15 minutes tous les jours après le dîner.

"Je ferai 10 flexions chaque matin avant de me brosser les dents.

4. Intégrez le mouvement à votre routine

Pour que le mouvement devienne un mode de vie, il doit s'intégrer parfaitement dans votre emploi du temps quotidien.

Conseils pour l'intégration du mouvement :

Des déplacements actifs : Si possible, allez au travail à pied ou à vélo. Si vous conduisez, garez-vous plus loin de l'entrée.

Pauses : Levez-vous et étirez-vous toutes les 30 minutes. Envisagez un bureau debout ou des réunions en marchant.

Activités sociales : Remplacez les activités sédentaires (comme regarder la télévision) par des activités actives, comme la randonnée ou le sport.

Temps en famille : Transformez le temps en famille en temps actif - promenades à vélo, visites de parcs ou concours de danse dans le salon.

Votre tâche :

Identifiez un domaine de votre routine où vous pouvez ajouter du mouvement. Notez-le et engagez-vous à l'essayer pendant les trois prochains jours.

5. Se concentrer sur les mouvements fonctionnels

Les mouvements fonctionnels imitent les activités de la vie réelle et développent la force, la souplesse et l'équilibre pour les tâches quotidiennes. Cette approche est particulièrement bénéfique pour les personnes qui commencent à faire de l'exercice ou qui cherchent à prévenir les blessures.

Exemples de mouvements fonctionnels :

Les squats : Imiter la position assise et la position debout, en renforçant les jambes et le tronc.

Pompes : Développez la force du haut du corps pour des tâches telles que soulever ou porter.

Fentes de marche : Améliorer l'équilibre et la force des jambes.

Planches : Renforcez votre tronc pour améliorer votre posture et votre stabilité.

Votre tâche :

Choisissez un mouvement fonctionnel et pratiquez-le pendant 1 à 2 minutes chaque jour cette semaine.

6. Surmonter les obstacles à la circulation

Tout le monde est confronté à des obstacles qui l'empêchent de rester actif. Examinons-en quelques-uns :

Obstacles communs et solutions :

"Je n'ai pas le temps."

Solution : Décomposez votre activité en petites tranches. Même 5 minutes d'activité s'additionnent tout au long de la journée.

"Je n'aime pas faire de l'exercice".

Solution : Essayez différentes activités jusqu'à ce que vous trouviez quelque chose que vous aimez. Le mouvement doit être perçu comme une récompense et non comme une punition.

"Je suis trop fatiguée."

La solution : Commencez par un petit effort. Le mouvement stimule souvent les niveaux d'énergie au lieu de les épuiser.

Votre tâche :

Notez ce qui vous empêche le plus de rester actif. Ensuite, réfléchissez à une solution pratique que vous pouvez mettre en œuvre cette semaine.

7. Faire du social

L'exercice ne doit pas nécessairement être une activité solitaire. En fait, le mouvement en société peut être plus agréable et plus motivant.

Idées pour le mouvement social :

- Rejoignez une équipe sportive locale ou un cours de fitness.
- Faites des promenades avec un ami ou un membre de votre famille.
- Défiez vos amis dans des compétitions de comptage de pas à l'aide d'un tracker de fitness.
- Se porter volontaire pour des causes actives, telles que des nettoyages communautaires ou des courses de charité.

Votre tâche :

Tendez la main à une personne qui peut devenir votre compagnon de mouvement. Planifiez un moment pour faire quelque chose d'actif ensemble.

8. Suivez vos progrès et célébrez vos réussites

Le suivi de vos mouvements peut vous aider à rester motivé et à voir le chemin parcouru.

Méthodes de suivi :

- Utilisez un tracker de fitness ou une application pour smartphone.
- Tenez un journal dans lequel vous consignerez vos activités quotidiennes.
- Fixez de petites étapes et récompensez-vous lorsque vous les atteignez.

Votre tâche :

Choisissez une méthode de suivi et enregistrez vos mouvements pour la semaine suivante. Choisissez une petite récompense pour avoir atteint votre première étape.

9. Les avantages à long terme du mouvement

Lorsque vous faites du mouvement un mode de vie, les avantages vont bien au-delà de la santé physique. Voici ce que vous gagnerez :

Une plus grande confiance en soi : Se sentir plus fort et plus capable renforce l'estime de soi.

Meilleure humeur : bouger régulièrement réduit le stress et améliore la clarté mentale.

Des liens plus profonds : Les loisirs actifs peuvent renforcer les relations avec les amis et la famille.

Longévité : Le fait de rester actif vous aide à vivre plus longtemps et à conserver votre indépendance lorsque vous vieillissez.

Réflexions finales

Le mouvement est un cadeau que vous offrez à votre corps, à votre esprit et à votre âme. En l'intégrant à votre vie quotidienne, vous développerez votre force, votre résistance et un sentiment d'accomplissement qui se répercutera dans tous les domaines de votre vie.

Dans le prochain chapitre, nous explorerons l'aspect financier de la rupture avec les mauvaises habitudes et la façon de commencer à construire un patrimoine grâce à une gestion intentionnelle de l'argent. Pour l'instant, lacez vos chaussures, bougez et profitez du voyage. Vous êtes en train de faire un travail incroyable !

Chapitre 6 :
L'esprit au-dessus de l'assiette

Bienvenue au chapitre 6 ! Dans les chapitres précédents, nous avons abordé l'importance des habitudes alimentaires et du mouvement. Il est maintenant temps de nous pencher sur le rôle que joue votre état d'esprit dans votre relation avec la nourriture. La façon dont vous envisagez l'alimentation - vos croyances, vos émotions et vos habitudes - peut soutenir ou saboter vos objectifs. Ce chapitre vous guidera dans le développement d'une approche consciente et intentionnelle de l'alimentation afin que vous puissiez vous libérer de vos habitudes malsaines et prendre réellement plaisir à nourrir votre corps.

1. Le lien entre l'état d'esprit et l'alimentation

La nourriture est plus qu'un simple carburant : elle est liée à la culture, au confort et même à l'image de soi. Malheureusement, ce lien émotionnel peut parfois conduire à l'excès, à la culpabilité ou à la restriction.

Pour transformer vos habitudes alimentaires, vous devez changer votre état d'esprit. Manger en pleine conscience est la clé pour faire des choix conscients qui profitent à votre santé et à votre bonheur.

2. Comprendre l'alimentation irréfléchie

L'alimentation irréfléchie se produit lorsque nous mangeons sans y prêter attention, ce qui conduit souvent à une suralimentation ou à des choix malsains. Les déclencheurs les plus courants sont les suivants

    L'alimentation émotionnelle : Utilisation de la nourriture pour faire face au stress, à la tristesse ou à l'ennui.

    Indices externes : Manger parce que la nourriture est disponible, et non parce que l'on a faim (pensez aux buffets ou aux snacks de bureau).

Distractions : Manger en regardant la télévision, en faisant défiler son téléphone ou en travaillant.

Votre tâche :

Réfléchissez aux trois derniers repas ou collations que vous avez pris. Aviez-vous vraiment faim ou mangiez-vous par habitude, sous le coup de l'émotion ou par distraction ? Notez vos observations.

3. Manger en pleine conscience

L'alimentation consciente consiste à ralentir et à être pleinement présent avec votre nourriture. Elle vous aide à écouter les signaux de faim et de satiété de votre corps, ce qui vous permet d'éviter plus facilement les excès alimentaires.

Étapes pour pratiquer l'alimentation en pleine conscience :

Faites une pause avant de manger : Prenez un moment pour faire le point avec vous-même. Avez-vous faim ou mangez-vous par habitude ou sous le coup de l'émotion ?

Mettez vos sens en éveil : Observez les couleurs, les odeurs et les textures de vos aliments avant d'en prendre une bouchée.

Mangez lentement : Posez votre fourchette entre les bouchées et mâchez bien.

Écoutez votre corps : Arrêtez de manger lorsque vous êtes satisfait et non pas rassasié.

Votre tâche :

Lors de votre prochain repas, pratiquez l'alimentation en pleine conscience. Éliminez les distractions, mangez lentement et notez ce que vous ressentez.

4. Réécrire les croyances alimentaires

Beaucoup d'entre nous ont intériorisé des croyances sur l'alimentation qui ne sont pas utiles. Voici quelques exemples courants :

"Je dois finir tout ce qu'il y a dans mon assiette."

"Les aliments sains sont ennuyeux ou fades.

"J'ai déjà tout gâché aujourd'hui, alors autant manger ce que je veux."

Comment recadrer ces croyances :

Ancienne croyance : "Je dois finir tout ce que j'ai dans mon assiette".

Nouvelle croyance : "Il n'y a pas de mal à conserver les restes ou à s'arrêter lorsque je suis rassasié.

Vieille croyance : "Les aliments sains sont ennuyeux ou fades.

Nouvelle croyance : "Les aliments sains peuvent être délicieux s'ils sont bien préparés.

Votre tâche :

Notez une croyance négative que vous avez à propos de la nourriture. Ensuite, créez une croyance positive de remplacement et répétez-la chaque jour.

5. Gérer l'alimentation émotionnelle

L'alimentation émotionnelle est l'un des défis les plus courants auxquels les gens sont confrontés. Il est essentiel de s'attaquer aux émotions qui sous-tendent vos habitudes alimentaires au lieu d'utiliser la nourriture comme mécanisme d'adaptation.

Étapes à suivre pour gérer l'alimentation émotionnelle :

Identifiez les éléments déclencheurs : Remarquez les moments où vous avez envie de manger à cause du stress, de l'ennui ou de la tristesse.

Trouvez des solutions de rechange : Remplacez l'alimentation par un mécanisme d'adaptation sain, comme la tenue d'un journal, la méditation ou une promenade.

Planifiez à l'avance : Gardez des en-cas plus sains à portée de main pour éviter les décisions impulsives.

Votre tâche :

La prochaine fois que vous aurez envie de manger sous le coup de l'émotion, faites une pause et essayez une stratégie d'adaptation non alimentaire. Réfléchissez à ce que vous avez ressenti.

6. Créer un environnement alimentaire positif

Votre environnement influence la quantité de nourriture que vous mangez et ce que vous mangez. En apportant de petites modifications à votre environnement, vous pouvez naturellement favoriser des habitudes alimentaires plus saines.

Conseils pour un environnement positif :

La taille de l'assiette est importante : Utilisez des assiettes plus petites pour contrôler la taille des portions.

Loin des yeux, loin du cœur : Gardez les collations malsaines hors de vue et placez les options saines (comme les fruits) à un endroit où elles sont facilement accessibles.

Créez l'ambiance : créez un environnement agréable pour manger en vous asseyant à une table, en utilisant les ustensiles appropriés et en évitant les distractions.

Votre tâche :

Apportez un petit changement à votre environnement alimentaire dès aujourd'hui. Par exemple, réorganisez votre garde-manger pour mettre en évidence les options saines.

7. Adopter la règle des 80/20

La règle des 80/20 consiste à se concentrer sur des choix sains 80 % du temps, tout en se laissant une certaine marge de manœuvre pour les petits plaisirs. Cette approche réduit la pression d'être "parfait" et rend l'alimentation saine plus durable.

Comment appliquer la règle des 80/20 :

Planifiez vos gâteries : Décidez quand et comment vous vous ferez plaisir.

Savourez votre nourriture : Lorsque vous vous faites plaisir, mangez lentement et savourez chaque bouchée sans culpabilité.

Reprenez le cours de votre vie : Reprenez vos bonnes habitudes alimentaires dès le prochain repas.

Votre tâche :

Choisissez un plaisir que vous apprécierez cette semaine. Planifiez quand et comment vous le prendrez, et entraînez-vous à le savourer en pleine conscience.

8. Cultiver la gratitude pour sa nourriture

La gratitude peut transformer votre relation avec la nourriture. En appréciant vos repas, vous vous sentirez plus satisfait et plus proche de l'acte de manger.

Les moyens de pratiquer la gratitude :

   Faites une pause avant de manger : Prenez le temps de réfléchir à l'origine de vos aliments et aux efforts qu'il a fallu déployer pour les préparer.

   Exprimez votre gratitude : Que ce soit en silence ou à voix haute, exprimez votre gratitude pour la nourriture que vous apporte votre repas.

   Appréciez le processus : Savourez l'expérience de la cuisine et de la dégustation, et pas seulement le résultat.

Votre tâche :

Avant votre prochain repas, faites une pause et écrivez trois choses dont vous êtes reconnaissant à propos de votre nourriture.

9. Les avantages à long terme d'une approche fondée sur la pleine conscience

Lorsque vous modifiez votre état d'esprit par rapport à l'alimentation, vous constatez de profonds changements :

Plus de contrôle : Vous mangez quand vous avez faim et vous arrêtez quand vous êtes rassasié.

Moins de stress : La culpabilité et l'anxiété liées à la nourriture s'estompent.

Une meilleure santé : Au fil du temps, l'alimentation consciente favorise une alimentation équilibrée et un poids plus sain.

Un plaisir plus profond : La nourriture devient une source de plaisir et non de frustration.

Réflexions finales

L'alimentation consciente n'est pas une question de perfection - il s'agit de créer une relation réfléchie et intentionnelle avec la nourriture qui vous permet de faire des choix plus sains. En pratiquant la prise de conscience, en gérant les émotions et en adoptant l'équilibre, vous pouvez recréer votre état d'esprit et poser les bases d'un bien-être durable.

Dans le prochain chapitre, nous aborderons l'aspect financier de la rupture avec les mauvaises habitudes et nous étudierons comment construire la richesse en transformant votre état d'esprit vis-à-vis de l'argent. Pour l'instant, continuez à pratiquer le principe "l'esprit plutôt que la plaque" et célébrez chaque petit pas que vous faites. Vous y arriverez !

Chapitre 7 :
Rompre le cycle des dépenses excessives

Bienvenue au chapitre 7, qui porte sur les habitudes financières. Les dépenses excessives sont l'un des pièges financiers les plus courants. Il découle souvent de problèmes plus profonds tels que le stress, les déclencheurs émotionnels ou même un manque de conscience de la destination de votre argent.

Dans ce chapitre, je vous aiderai à identifier les causes des dépenses excessives, à élaborer des stratégies pour les réduire et à créer un plan pour aligner vos dépenses sur vos valeurs et vos objectifs financiers. N'oubliez pas que la santé financière est tout aussi importante que la santé physique et émotionnelle lorsqu'il s'agit de bien-être général.

1. Comprendre pourquoi vous dépensez trop

Pour briser le cycle des dépenses excessives, il faut d'abord en identifier les causes profondes. Posez-vous la question :

Raisons courantes des dépenses excessives :

Déclencheurs émotionnels : Faire du shopping pour faire face au stress, à la tristesse, à l'ennui ou à une faible estime de soi.

Pressions sociales : Dépenses pour suivre les amis, les tendances ou les attentes de la société.

La culture de la commodité : Le recours à des achats impulsifs ou à des services de livraison sans tenir compte des coûts.

Le manque de sensibilisation : Ne pas suivre ses dépenses ou ne pas se rendre compte que les petits achats s'accumulent au fil du temps.

Votre tâche :

Prenez 10 minutes pour réfléchir à vos habitudes de consommation. Notez les trois derniers achats non essentiels que vous avez effectués. Qu'est-ce qui a motivé ces achats ?

2. Reconnaître les habitudes de dépenses excessives

Les habitudes guident souvent les comportements, et les dépenses excessives ne font pas exception à la règle. Identifier quand et où vous êtes le plus susceptible de dépenser trop peut vous aider à briser le cycle.

Modèles courants :

   L'heure de la journée : Dépensez-vous trop tard dans la nuit lorsque vous naviguez sur des sites de vente en ligne ?

   Lieux : Y a-t-il des magasins, des sites web ou des applications en particulier où vous dépensez toujours trop ?

   États émotionnels : Faites-vous des achats lorsque vous vous sentez déprimé, stressé ou en fête ?

Votre tâche :

Pendant une semaine, notez tous vos achats. Utilisez un carnet ou une application pour noter ce que vous avez acheté, où vous l'avez acheté et comment vous vous sentiez à ce moment-là. Cherchez des modèles.

3. Changez votre mentalité à l'égard de l'argent

Tout comme la nourriture ou l'exercice, votre relation avec l'argent est façonnée par vos croyances et vos attitudes. Il est temps de recadrer ces croyances pour adopter des habitudes financières plus saines.

Recadrer les mythes courants sur l'argent :

Mythe : "Je mérite de me faire plaisir parce que je travaille dur".

Vérité : Vous méritez davantage la stabilité financière et la tranquillité d'esprit qu'une satisfaction éphémère.

Mythe : "Je commencerai à épargner lorsque je gagnerai plus d'argent".

Vérité : L'épargne est une habitude, pas un chiffre. Même les petites sommes comptent.

Votre tâche :

Notez une croyance limitative que vous entretenez au sujet de l'argent. Remplacez-la par une affirmation positive et valorisante. Par exemple :

Croyance limitante : "Je serai toujours mauvais avec l'argent".

Une croyance qui donne du pouvoir : "J'apprends à gérer mon argent et je m'améliore chaque jour.

4. Mise en œuvre des limites de dépenses

Pour contrôler les dépenses excessives, vous devez fixer des limites claires à vos dépenses. Ces lignes directrices agissent comme des garde-fous, vous permettant de rester sur la bonne voie sans avoir l'impression d'être trop restrictif.

Stratégies pour fixer des limites :

La règle des 24 heures : Attendez 24 heures avant d'effectuer des achats non essentiels.

La méthode de l'argent liquide uniquement : Retirer un montant fixe d'argent liquide chaque semaine pour des dépenses discrétionnaires.

Fixez des limites mensuelles : Allouez des montants spécifiques à des catégories telles que les sorties au restaurant, les loisirs ou l'habillement.

Votre tâche :

Choisissez une limite de dépenses à mettre en œuvre cette semaine. Mettez-la par écrit et respectez-la. Par exemple : "J'appliquerai la règle des 24 heures pour tous les achats de plus de 50 $" : "J'appliquerai la règle des 24 heures pour tous les achats de plus de 50 dollars".

5. Remplacer les achats impulsifs par des gains financiers

Les dépenses impulsives sont souvent une habitude, mais les habitudes peuvent être remplacées. Chaque fois que vous résistez à un achat non essentiel, redirigez cet argent vers un objectif financier.

Exemples de redirection :

Transférez le montant que vous n'avez pas dépensé sur votre compte d'épargne.

Utilisez-le pour rembourser vos dettes.

Investissez dans quelque chose de significatif, comme une compétence ou une expérience qui correspond à vos valeurs.

Votre tâche :

La prochaine fois que vous serez tenté d'acheter quelque chose de manière impulsive, faites une pause. Prenez cet argent et placez-le sur un compte d'épargne ou utilisez-le pour rembourser une dette. Suivez l'évolution de votre "épargne" au fil du temps.

6. Alignez vos dépenses sur vos valeurs

Les dépenses excessives surviennent souvent lorsque vos achats ne correspondent pas à ce qui compte vraiment pour vous. Lorsque vous identifiez vos valeurs fondamentales, vous pouvez donner la priorité aux dépenses qui vous apportent un réel épanouissement.

Étapes de l'alignement des dépenses :

   Identifiez vos valeurs : Qu'est-ce qui est le plus important pour vous - la famille, la santé, l'éducation, les expériences ?

   Évaluer les achats : Posez-vous la question suivante : "Cet achat correspond-il à mes valeurs ?".

   Planifiez à l'avance : Établissez un budget qui reflète vos priorités.

Votre tâche :

Notez vos trois principales valeurs. Pour chacune d'entre elles, énoncez un moyen d'ajuster vos dépenses en fonction de ces valeurs.

7. Outils de suivi et de gestion de l'argent

Le suivi de vos finances est essentiel pour rompre le cycle des dépenses excessives. Heureusement, il existe de nombreux outils et techniques pour vous aider à rester responsable.

Outils recommandés :

   Applications de budgétisation : Des applications comme Mint, YNAB (You Need A Budget) ou EveryDollar peuvent vous aider à suivre vos dépenses en temps réel.

Feuilles de calcul : Si vous préférez une approche manuelle, créez une simple feuille de calcul pour classer et totaliser vos dépenses.

Système d'enveloppes : Affectez des fonds à des catégories spécifiques et ne dépensez que ce qui se trouve dans chaque enveloppe.

Votre tâche :

Choisissez un outil pour suivre vos dépenses ce mois-ci. Commencez par saisir vos dépenses de la semaine écoulée.

8. Surmonter les revers

Se défaire de ses habitudes financières prend du temps et les échecs font partie du processus. L'essentiel est d'en tirer les leçons et de continuer à aller de l'avant.

Conseils pour gérer les revers :

Éviter la honte : Reconnaître qu'il est normal de faire des erreurs.

Analyser l'élément déclencheur : Qu'est-ce qui a entraîné le dépassement de budget ? Comment pouvez-vous y remédier la prochaine fois ?

Recentrez-vous sur vos objectifs : Rappelez-vous pourquoi vous vous efforcez d'améliorer vos habitudes financières.

Votre tâche :

Pensez à un échec récent. Notez ce que vous en avez appris et une façon de gérer différemment une situation similaire à l'avenir.

9. Les avantages à long terme de la discipline financière

Rompre le cycle des dépenses excessives ne consiste pas seulement à économiser de l'argent, mais aussi à créer de la liberté et de la sécurité dans votre vie.

Les avantages dont vous bénéficierez :

Réduction du stress : Vous n'avez plus à vous soucier de vos dettes ou de vos factures.

Augmentation de l'épargne : Fonds pour les urgences, les objectifs et les opportunités.

Alignement sur les valeurs : Dépenser pour ce qui compte vraiment apporte une plus grande satisfaction.

Construire son patrimoine : La discipline financière est le fondement de la croissance de votre patrimoine au fil du temps.

Réflexions finales

Briser le cycle des dépenses excessives est un voyage, mais chaque petit pas que vous faites vous rapproche de la liberté financière. En comprenant vos habitudes, en établissant des limites et en alignant vos dépenses sur vos valeurs, vous établirez une relation plus saine avec l'argent qui soutiendra vos objectifs à long terme.

Dans le prochain chapitre, nous verrons comment renforcer l'intelligence émotionnelle, ce qui vous aidera à établir des liens plus profonds et à gérer vos émotions avec plus d'habileté. Pour l'instant, concentrez-vous sur vos gains financiers et célébrez vos progrès - vous êtes en train de bâtir un avenir meilleur !

Chapitre 8 : Construire une discipline financière

Bienvenue au chapitre 8 ! Maintenant que nous avons abordé la question des dépenses excessives, il est temps de cultiver la discipline financière. La discipline est l'épine dorsale de la réussite financière - elle vous permet de gérer votre argent intentionnellement, d'éviter les dettes inutiles et d'atteindre vos objectifs financiers avec constance et confiance.

Dans ce chapitre, je vous guiderai à travers les étapes pratiques pour développer une discipline financière, vous aidant à rester engagé dans votre plan même lorsque des tentations se présentent. Avec les outils, l'état d'esprit et les stratégies appropriés, vous apprendrez à contrôler vos finances au lieu de les laisser vous contrôler.

1. Comprendre la discipline financière

La discipline financière ne consiste pas à se priver, mais à donner la priorité à ses besoins et à ses objectifs à long terme plutôt qu'à ses désirs impulsifs. Il s'agit de prendre des décisions réfléchies sur la manière dont vous gagnez, dépensez, épargnez et investissez.

Les avantages de la discipline financière :

   Tranquillité d'esprit : vous aurez l'impression de maîtriser vos finances.

   Atteindre ses objectifs : Des efforts constants vous rapprocheront de vos objectifs financiers.

   Construire sa richesse : La discipline permet à votre argent de fructifier grâce à l'épargne et à l'investissement.

Votre tâche :

Prenez le temps de définir ce que signifie pour vous la discipline financière. Écrivez un avantage à long terme que vous espérez obtenir en développant cette compétence.

2. Fixer des objectifs financiers clairs

Il est plus facile de se discipliner lorsque l'on sait ce que l'on cherche à faire. Des objectifs clairs et précis sont source de motivation et d'orientation.

Étapes à suivre pour fixer des objectifs financiers :

Identifiez vos priorités : Qu'est-ce qui compte le plus - rembourser ses dettes, épargner pour acheter une maison ou se constituer un fonds d'urgence ?

Soyez précis : Des objectifs vagues conduisent à des résultats vagues. Au lieu de "épargner plus d'argent", visez à "épargner 5 000 $ en 12 mois".

Fixez un calendrier : Les échéances créent un sentiment d'urgence et vous aident à suivre les progrès accomplis.

Décomposer : diviser les grands objectifs en étapes plus petites et plus faciles à gérer.

Votre tâche :

Écrivez un objectif financier à court terme (3 à 6 mois) et un autre à long terme (1 an et plus). Soyez aussi précis que possible.

3. Établir un budget réaliste

Un budget est votre feuille de route en matière de discipline financière. Il vous permet de répartir vos revenus en fonction de vos objectifs.

Les éléments clés d'un budget :

   Dépenses fixes : Loyer, services publics, assurance et autres coûts récurrents.

   Dépenses variables : Epicerie, transport, loisirs.

   Épargne : Essayez d'épargner au moins 20 % de vos revenus, si possible.

   Remboursement des dettes : Donnez la priorité au remboursement des dettes à fort taux d'intérêt.

Votre tâche :

Établissez un budget simple pour le mois suivant. Utilisez une application, une feuille de calcul ou un papier et un crayon. Incluez tous les revenus et toutes les dépenses, et veillez à allouer de l'argent à l'épargne et aux objectifs.

4. Pratiquer la gratification différée

La discipline exige souvent de résister à l'envie de récompenses instantanées. La gratification différée est la capacité de renoncer à des plaisirs à court terme pour des gains à long terme.

Comment pratiquer la gratification différée :

   Visualisez l'avenir : Rappelez-vous que les sacrifices d'aujourd'hui mènent au succès de demain.

   Fixez un délai d'attente : Avant d'effectuer des achats non essentiels, attendez 24 heures ou plus pour voir si vous en avez toujours envie.

Récompensez-vous stratégiquement : Célébrez les étapes importantes par des récompenses planifiées, et non par des dépenses impulsives.

Votre tâche :

Identifiez un domaine dans lequel vous pouvez pratiquer la gratification différée cette semaine. Par exemple, renoncez à aller au restaurant et consacrez plutôt cet argent à votre objectif d'épargne.

5. Constitution d'un fonds d'urgence

Un fonds d'urgence est la pierre angulaire de la discipline financière. Il permet d'éviter que des dépenses imprévues ne fassent dérailler votre progression ou ne vous obligent à vous endetter.

Étapes de la constitution d'un fonds d'urgence :

Fixez un objectif : visez 3 à 6 mois de dépenses essentielles.

Commencez modestement : Même 500 à 1 000 dollars peuvent faire une grande différence.

Automatiser l'épargne : Mettez en place un transfert récurrent vers un compte d'épargne dédié.

Votre tâche :

Si vous n'avez pas encore de fonds d'urgence, ouvrez un compte séparé à cet effet. Déterminez le montant que vous pouvez y verser chaque mois et mettez en place un virement automatique.

6. Contrôler les dépenses impulsives

Les achats impulsifs constituent l'une des plus grandes menaces pour la discipline financière. Apprendre à contrôler ces envies vous aidera à rester sur la bonne voie.

Conseils pour limiter les dépenses impulsives :

   N'utilisez que de l'argent liquide : Lorsque vous faites des achats, n'apportez que l'argent que vous avez l'intention de dépenser.

   Se désabonner : Retirez-vous des listes d'adresses électroniques ou des applications qui font la promotion des ventes et des rabais.

   Posez-vous la question : "Est-ce que j'en ai besoin ou est-ce que je le veux seulement ?"

Votre tâche :

La prochaine fois que vous aurez envie de faire un achat impulsif, faites une pause et notez l'article et la raison pour laquelle vous le voulez. Attendez au moins 24 heures avant de vous décider.

7. Automatiser votre plan financier

L'automatisation élimine les incertitudes liées à la discipline financière. En automatisant l'épargne, le paiement des factures et les investissements, vous réduisez le risque d'oubli ou de dépenses excessives.

Conseils d'automatisation :

   Épargne : Mettez en place un dépôt direct ou un virement récurrent sur votre compte d'épargne.

Factures : Automatiser les paiements pour éviter les frais de retard.

Investissements : Utilisez une application ou une société de courtage pour investir un montant fixe chaque mois.

Votre tâche :

Identifiez un aspect de vos finances à automatiser cette semaine, comme l'épargne ou le paiement des factures.

8. Surmonter les difficultés financières

Même avec les meilleures intentions du monde, il y a des aléas de la vie. L'essentiel est de tirer les leçons des échecs et d'ajuster son plan sans abandonner.

Les étapes pour rebondir :

Évaluez les dégâts : Quel a été l'impact de ce revers sur vos finances ?

Ajustez votre plan : Réexaminez votre budget et vos objectifs pour tenir compte du contretemps.

Restez positif : Concentrez-vous sur les progrès, pas sur la perfection.

Votre tâche :

Pensez à un échec financier passé. Notez ce que vous avez appris de cette expérience et comment vous pouvez appliquer cette leçon à l'avenir.

9. Renforcer votre état d'esprit financier

La discipline financière est autant une question d'état d'esprit que de stratégie. Cultiver un état d'esprit discipliné vous aide à rester engagé même lorsque le chemin est semé d'embûches.

Conseils sur l'état d'esprit :

Célébrez les progrès accomplis : Reconnaissez vos victoires, aussi petites soient-elles.

Restez informé : Renseignez-vous sur les finances personnelles en lisant des livres, en écoutant des podcasts ou en suivant des cours.

Pratiquez la gratitude : Concentrez-vous sur ce que vous avez, et non sur ce qui vous manque.

Votre tâche :

Chaque jour de cette semaine, notez un succès financier que vous avez obtenu, aussi petit soit-il. Par exemple : "Je n'ai pas acheté de café aujourd'hui et j'ai économisé 5 $: "Je n'ai pas acheté de café aujourd'hui et j'ai économisé 5 $".

10. Les récompenses de la discipline financière

Lorsque vous pratiquez systématiquement la discipline financière, vous obtenez des récompenses qui vont bien au-delà des chiffres du compte bancaire.

Prestations à long terme :

La liberté : Moins de soucis financiers, c'est plus de possibilités de faire ce que vous aimez.

Sécurité : Un fonds d'urgence et des économies permettent d'avoir l'esprit tranquille.

La croissance : Investir votre argent vous permet de le faire fructifier au fil du temps.

Confiance en soi : La réalisation d'objectifs renforce la confiance en soi et le sentiment d'accomplissement.

Réflexions finales

L'acquisition d'une discipline financière est un voyage, pas une destination. En vous fixant des objectifs clairs, en gérant votre argent de manière intentionnelle et en restant fidèle à votre plan, vous créerez les bases d'une réussite financière durable.

Dans le prochain chapitre, nous étudierons l'intelligence émotionnelle et son rôle dans l'élimination des mauvaises habitudes. Pour l'instant, concentrez-vous sur vos gains financiers et continuez à aller de l'avant - votre futur vous en remerciera !

Chapitre 9 : L'état d'esprit de la richesse

Bienvenue au chapitre 9 ! Dans ce chapitre, nous approfondissons le concept transformateur de l'état d'esprit de la richesse. La richesse n'est pas seulement une question d'argent sur votre compte en banque - c'est une façon de penser, un ensemble de croyances et une approche disciplinée de la création et du maintien de la prospérité. En développant un état d'esprit de richesse, vous passez de la pénurie et de la satisfaction à court terme à l'abondance et à la croissance à long terme.

Dans ce chapitre, je vous guiderai pour recadrer les croyances limitatives, adopter des habitudes qui vont dans le sens de la croissance financière et prendre des mesures pratiques pour cultiver un état d'esprit qui favorise la réussite financière et personnelle.

1. Qu'est-ce qu'un état d'esprit de richesse ?

L'état d'esprit de richesse est une attitude et une approche de la vie qui se concentre sur les opportunités, l'abondance et la croissance. Il ne s'agit pas de naître riche ou de s'enrichir immédiatement, mais de penser et de se comporter d'une manière qui mène naturellement à la réussite financière au fil du temps.

Les principes fondamentaux de l'état d'esprit de la richesse :

    L'abondance plutôt que la pénurie : Croire qu'il y a assez pour tout le monde, y compris pour vous, élimine l'envie et favorise la résolution créative des problèmes.

    La croissance plutôt que la pensée fixe : Considérer les défis comme des occasions d'apprendre et de progresser, et non comme des obstacles insurmontables.

    Priorité au long terme : Privilégier les investissements, l'épargne et les décisions stratégiques aux plaisirs éphémères.

S'approprier la situation : Reconnaître que votre avenir financier dépend de vos actions et non de circonstances extérieures.

Votre tâche :

Notez ce que la richesse signifie pour vous au-delà de l'argent. S'agit-il de la liberté, de la sécurité, de la capacité à donner généreusement ou d'autre chose ?

2. Recadrer les croyances limitatives concernant l'argent

Les croyances limitatives concernant l'argent sont des blocages mentaux qui peuvent vous empêcher d'atteindre la réussite financière. Ces croyances sont souvent enracinées dans les expériences de l'enfance ou les messages de la société. Pour adopter un état d'esprit axé sur la richesse, vous devez identifier et recadrer ces pensées limitatives.

Croyances limitatives courantes :

"L'argent est la racine de tous les maux.

Recadrer : "L'argent est un outil qui peut créer des changements positifs dans ma vie et dans celle des autres.

"Je suis juste mauvais avec l'argent."

Recadrer : "J'apprends chaque jour à mieux gérer mes finances".

"La richesse, c'est pour les gens chanceux, pas pour moi.

Recadrer : "La richesse se construit par des efforts constants et des choix judicieux, et je suis capable de faire les deux.

Votre tâche :

Notez une croyance limitative que vous avez au sujet de l'argent. Ensuite, reformulez-la en une affirmation positive et valorisante.

3. Cultiver des habitudes pour un état d'esprit de richesse

Un état d'esprit axé sur la richesse ne se limite pas à ce que vous pensez - il s'agit de ce que vous faites de façon constante. Les habitudes sont les éléments constitutifs de la réussite, et de petites actions quotidiennes peuvent conduire à une croissance financière significative au fil du temps.

Les habitudes de construction de la richesse :

Gratitude quotidienne : Commencez ou terminez votre journée en écrivant trois choses dont vous êtes reconnaissant. La gratitude permet de passer du manque à l'abondance.

Suivez vos finances : Examinez régulièrement vos revenus, vos dépenses et votre épargne afin de rester informé et de garder le contrôle.

Investissez dans votre personne : Consacrez du temps et des ressources à votre développement personnel et professionnel, par exemple en acquérant de nouvelles compétences ou en créant des réseaux.

En savoir plus sur l'argent : Lisez des livres, écoutez des podcasts ou suivez des cours sur les finances personnelles et l'investissement.

Votre tâche :

Choisissez une nouvelle habitude de développement de la richesse à adopter cette semaine. Notez comment vous allez la mettre en œuvre et engagez-vous à la pratiquer quotidiennement.

4. Passer de la dépense à l'investissement

Un état d'esprit axé sur la richesse donne la priorité à l'investissement plutôt qu'aux dépenses. Alors que les dépenses procurent une satisfaction à court terme, les investissements permettent d'acquérir une richesse et une sécurité à long terme. Il ne s'agit pas seulement d'investissements financiers, mais aussi d'investissements dans vos compétences, votre santé et vos relations.

Types d'investissements :

   Investissements financiers : Actions, immobilier, fonds communs de placement ou création d'entreprise.

   Développement personnel : Formation, certifications ou coaching personnel.

   Les relations : Établir des liens significatifs qui enrichissent votre vie et vous ouvrent des portes.

Votre tâche :

Identifiez un domaine de votre vie dans lequel vous pouvez passer de la dépense à l'investissement. Par exemple, au lieu d'acheter de nouveaux vêtements, investissez dans un cours en ligne pour faire avancer votre carrière.

5. Pratiquer la patience et retarder la gratification

L'état d'esprit de la richesse fait la part belle à la patience. La constitution d'un patrimoine est un marathon, pas un sprint, et la satisfaction différée est essentielle pour atteindre des objectifs financiers importants.

Comment pratiquer la gratification différée :

   Créez des objectifs visuels : Utilisez des tableaux ou des applications de visualisation pour garder vos objectifs financiers à l'esprit.

Célébrez les étapes importantes : Récompensez les étapes franchies en matière d'épargne ou d'investissement par des gâteries planifiées et modestes.

N'oubliez pas votre "pourquoi" : Ne perdez pas de vue votre objectif global : la liberté, la sécurité ou l'héritage à laisser.

Votre tâche :

Écrivez un sacrifice financier à court terme que vous êtes prêt à faire pour atteindre un objectif à long terme. Par exemple : "Je réduirai mes sorties au restaurant ce mois-ci afin d'économiser 300 dollars pour mon fonds d'urgence".

6. S'entourer des bonnes influences

Votre environnement joue un rôle important dans la formation de votre état d'esprit. Entourez-vous de personnes, de ressources et d'influences qui vous inspirent et soutiennent votre croissance financière.

Conseils pour un environnement favorable à la richesse :

Rejoindre des communautés : Entrez en contact avec des personnes partageant les mêmes idées au sein de groupes spécialisés dans les finances personnelles ou l'investissement.

Cherchez des mentors : Apprenez de ceux qui ont réussi sur le plan financier.

Limiter les influences négatives : Réduire l'exposition aux personnes ou aux médias qui encouragent les dépenses excessives ou la pensée de pénurie.

Votre tâche :

Trouvez une nouvelle source d'inspiration cette semaine - un livre, un podcast ou une communauté - qui s'aligne sur l'état d'esprit de la richesse.

7. Le rôle de la générosité dans l'état d'esprit de la richesse

La richesse n'est pas qu'une question d'accumulation - il s'agit d'utiliser ses ressources pour avoir un impact positif. La générosité favorise l'abondance en renforçant l'idée qu'il y a toujours assez à donner.

Les moyens de pratiquer la générosité :

Le temps : Faites du bénévolat pour des causes qui vous tiennent à cœur.

Connaissances : Partager des astuces ou des conseils financiers avec d'autres.

L'argent : Faites des dons à des associations caritatives, à des collecteurs de fonds ou à des personnes dans le besoin.

Votre tâche :

Engagez-vous à faire un acte de générosité cette semaine. Il n'est pas nécessaire qu'il s'agisse d'un acte financier : le temps et les connaissances sont tout aussi précieux.

8. Mesurer les progrès et célébrer les victoires

Le développement d'un état d'esprit axé sur la richesse est un processus continu, et il est essentiel de reconnaître les progrès accomplis en cours de route. Célébrer les petites victoires permet de rester motivé et de renforcer les habitudes positives.

Conseils pour mesurer les progrès :

Suivi de la valeur nette : Examinez régulièrement votre actif et votre passif.

Fixer des étapes : Divisez les objectifs à long terme en réalisations plus modestes.

Réfléchissez à votre croissance : Prenez le temps de reconnaître le chemin parcouru.

Votre tâche :

Passez en revue vos progrès financiers au cours du mois écoulé. Notez un domaine dans lequel vous vous êtes amélioré et une petite victoire dont vous pouvez vous réjouir.

9. L'impact à long terme d'un état d'esprit axé sur la richesse

Un état d'esprit axé sur la richesse ne transforme pas seulement vos finances, il transforme votre vie. Elle ouvre des perspectives, réduit le stress et vous permet de vivre avec un but et une intention.

Les avantages d'un état d'esprit riche :

Sécurité financière : Une base stable pour faire face aux incertitudes de la vie.

Liberté de choix : la possibilité de poursuivre ses passions sans contraintes financières.

La construction de l'héritage : Créer des opportunités pour les générations futures.

Réflexions finales

Cultiver un état d'esprit axé sur la richesse est l'un des changements les plus puissants que vous puissiez apporter à votre vie. En recadrant vos croyances, en adoptant des habitudes de développement de la richesse et en vous concentrant sur la croissance à long terme, vous n'atteindrez pas seulement le succès financier, mais vous créerez également une vie d'abondance et d'objectif.

Dans le prochain chapitre, nous explorerons l'intelligence émotionnelle - comment la maîtrise de vos émotions peut vous aider à vous débarrasser de vos mauvaises habitudes, à établir de meilleures relations et à obtenir plus de succès dans tous les domaines de la vie. Poursuivez votre travail : vous êtes sur la voie d'un avenir plus riche et plus satisfaisant !

Chapitre 10 : Comprendre l'intelligence émotionnelle (QE)

Bienvenue au chapitre 10, consacré à l'intelligence émotionnelle (QE), une compétence essentielle à l'épanouissement personnel et à la réussite. Le QE est souvent décrit comme la capacité à reconnaître, comprendre et gérer ses émotions, tout en comprenant et en influençant les émotions des autres. Alors que le QI mesure l'intelligence cognitive, le QE détermine la façon dont vous gérez les relations, le stress et les décisions - des facteurs clés pour renverser les mauvaises habitudes et construire une vie plus intentionnelle.

Dans ce chapitre, je vous aiderai à comprendre les composantes du QE, à évaluer votre intelligence émotionnelle actuelle et à trouver des moyens d'action pour l'améliorer.

1. Qu'est-ce que l'intelligence émotionnelle (QE) ?

L'intelligence émotionnelle est le fondement d'une communication, d'une prise de décision et d'une résilience efficaces. Les personnes dotées d'un QE élevé ont tendance à mieux gérer leur vie, qu'il s'agisse de leurs relations, de leur travail ou de leurs habitudes personnelles.

Les cinq composantes essentielles du QE :

Conscience de soi : Reconnaître ses émotions et comprendre comment elles affectent ses pensées et son comportement.

L'autorégulation : Contrôler les sentiments et les comportements impulsifs, rester calme et s'adapter aux circonstances changeantes.

Motivation : Rester motivé pour atteindre ses objectifs malgré les échecs.

Empathie : Comprendre et partager les sentiments des autres, favoriser la connexion et la compassion.

Compétences sociales : Établir des relations saines, résoudre les conflits et influencer efficacement les autres.

Votre tâche :

Réfléchissez à une réaction émotionnelle que vous avez eue récemment. Notez la situation, vos sentiments et la manière dont ils ont influencé votre comportement. Identifiez la composante du QE qui était en jeu.

2. L'importance du QE pour inverser les mauvaises habitudes

Votre état émotionnel est souvent à l'origine de vos habitudes, qu'il s'agisse de manger du stress, de procrastiner ou d'éviter les conversations difficiles. En améliorant votre QE, vous obtenez les outils nécessaires pour reconnaître les déclencheurs émotionnels et y répondre de manière réfléchie plutôt que réactive.

Exemples de QE en action :

Conscience de soi : Identifier que l'ennui vous pousse à grignoter sans réfléchir.

L'autorégulation : Résister à l'impulsion de faire un achat émotionnel après une journée stressante.

Empathie : Comprendre les sentiments de son partenaire, ce qui permet d'établir une communication plus saine plutôt qu'un conflit.

Votre tâche :

Identifiez une habitude dont vous voulez vous défaire. Posez-vous la question suivante : "Quelles sont les émotions qui motivent généralement ce comportement ?" Notez vos pensées.

3. Évaluer son intelligence émotionnelle

Pour améliorer votre QE, vous devez d'abord comprendre où vous vous situez actuellement. L'évaluation de vos forces et de vos faiblesses dans chaque composante vous fournira une feuille de route pour progresser.

Questions d'auto-évaluation :

Conscience de soi : Dans quelle mesure est-ce que je comprends mes émotions ? Puis-je les nommer avec précision ?

L'autorégulation : A quelle fréquence agis-je de manière impulsive ? Suis-je capable de rester calme sous pression ?

Motivation : Est-ce que je me fixe des objectifs significatifs et est-ce que je les atteins ?

Empathie : à quelle fréquence est-ce que je tiens compte des sentiments des autres avant d'agir ?

Compétences sociales : Est-ce que je communique efficacement et est-ce que je résous les conflits de manière constructive ?

Votre tâche :

Évaluez-vous sur une échelle de 1 à 10 pour chaque composante du QE. Mettez en évidence les domaines dans lesquels vous aimeriez vous améliorer.

4. Développer la conscience de soi

La conscience de soi est la pierre angulaire de l'intelligence émotionnelle. Lorsque vous êtes conscient de vos émotions, vous pouvez comprendre leur impact et prendre le contrôle de vos actions.

Comment développer la conscience de soi :

Tenez un journal : Notez chaque jour vos émotions et les situations qui les ont déclenchées.

Faites une pause et réfléchissez : Lorsque vous ressentez une forte émotion, prenez le temps de l'identifier avant de réagir.

Demandez un retour d'information : Demandez à des amis ou à des collègues de confiance comment ils perçoivent vos réactions émotionnelles.

Votre tâche :

Passez une semaine à tenir un journal de vos émotions. Notez les schémas : y a-t-il des déclencheurs spécifiques qui entraînent de la frustration, de la tristesse ou de la joie ?

5. Maîtriser l'autorégulation

L'autorégulation consiste à gérer efficacement ses émotions afin qu'elles ne dictent pas ses actes. C'est la capacité de s'arrêter, de réfléchir et de choisir sa réponse intentionnellement.

Techniques pour une meilleure autorégulation :

Exercices de respiration : Pratiquez la respiration profonde pour vous calmer dans les situations stressantes.

Recadrer les pensées négatives : Remplacez "je ne réussirai jamais" par "j'apprends et je m'améliore".

Fixer des limites : Évitez les environnements ou les situations qui provoquent des déclenchements émotionnels.

Votre tâche :

Identifiez une situation dans laquelle vous avez tendance à réagir de manière impulsive. Planifiez une stratégie spécifique pour réguler vos émotions la prochaine fois que cette situation se présentera.

6. Développer l'empathie

L'empathie renforce les relations en vous aidant à comprendre les autres et à vous rapprocher d'eux. Elle vous permet de voir les situations de leur point de vue et de réagir avec compassion.

Comment développer l'empathie :

Écoute active : Se concentrer pleinement sur ce que dit l'autre personne sans l'interrompre ou planifier sa réponse.

Posez des questions : Cherchez à comprendre, pas à juger. Par exemple : "Qu'est-ce qui a été difficile pour vous ces derniers temps ? "Qu'est-ce qui a été difficile pour vous ces derniers temps ?"

Entraînez-vous à prendre du recul : Imaginez-vous dans la situation de l'autre personne.

Votre tâche :

Cette semaine, ayez une conversation au cours de laquelle vous vous concentrez entièrement sur l'écoute et la compréhension du point de vue de l'autre personne. Réfléchissez à ce que vous avez ressenti.

7. Renforcer la motivation

La motivation est ce qui vous permet d'aller de l'avant, même lorsque des défis se présentent. Les personnes ayant un QE élevé restent motivées en alignant leurs actions sur leurs valeurs et leurs objectifs.

Conseils pour renforcer la motivation :

Fixez des objectifs clairs : Veillez à ce que vos objectifs soient spécifiques, mesurables, réalisables, pertinents et limités dans le temps (SMART).

Visualisez le succès : Imaginez régulièrement à quoi ressemblera la réalisation de votre objectif.

Suivre les progrès : Célébrez les petites victoires pour maintenir l'élan.

Votre tâche :

Écrivez un objectif à long terme et trois mesures à court terme que vous prendrez cette semaine pour l'atteindre.

8. Améliorer les compétences sociales

De solides compétences sociales sont essentielles pour établir des relations saines et résoudre les conflits. Elles vous permettent de communiquer efficacement et de favoriser la collaboration.

Comment améliorer les compétences sociales :

Pratiquer une communication claire : Utilisez la formule "je" pour exprimer vos sentiments et vos besoins sans rejeter la faute sur les autres.

Apprenez à résoudre les conflits : Concentrez-vous sur les solutions au lieu de vous attarder sur les problèmes.

Faire preuve d'appréciation : Reconnaître la contribution des autres et exprimer sa gratitude.

Votre tâche :

Identifiez une relation dans laquelle la communication pourrait être améliorée. Mettez en pratique une nouvelle compétence, telle que l'écoute active ou l'expression d'une appréciation, lors de votre prochaine interaction.

9. Les avantages d'un QE élevé

Lorsque vous renforcez votre intelligence émotionnelle, vous constatez des changements positifs dans tous les domaines de votre vie :

Des relations plus fortes : L'amélioration de la communication et de l'empathie permet d'établir des liens plus profonds.

Meilleure prise de décision : Les émotions ne troublent plus votre jugement.

Résilience : Vous rebondirez avec confiance après un échec.

Des habitudes plus saines : Vous gérerez les déclencheurs plus efficacement, en réduisant votre dépendance à des mécanismes d'adaptation malsains.

Votre tâche :

Réfléchissez à la manière dont l'amélioration de votre QE pourrait avoir un impact positif sur votre vie. Écrivez un domaine spécifique dans lequel vous aimeriez progresser.

Réflexions finales

Comprendre et améliorer son intelligence émotionnelle est l'un des investissements les plus précieux que l'on puisse faire pour soi-même. Le QE ne vous aide pas seulement à gérer vos émotions, il vous donne les moyens de relever les défis, d'établir des relations fructueuses et de créer des changements durables dans votre vie.

Dans le prochain chapitre, nous ferons la synthèse de tout cela en explorant comment ces stratégies d'intelligence émotionnelle, de discipline financière et de suppression des habitudes peuvent créer une transformation holistique. Vous faites un travail incroyable, continuez !

Chapitre 11 : Remplacer la réactivité par la réponse

Bienvenue au chapitre 11 ! Dans ce chapitre, nous abordons une compétence qui peut améliorer considérablement vos relations, votre prise de décision et votre satisfaction générale dans la vie : remplacer la réactivité par une réponse réfléchie. La réactivité est une réaction émotionnelle réflexe à un stimulus, souvent due à l'habitude ou au stress. En revanche, une réponse est une action délibérée et intentionnelle prise après mûre réflexion.

En brisant le cycle de la réactivité, vous pouvez reprendre le contrôle de vos actions, améliorer vos interactions avec les autres et cultiver des habitudes conformes à vos objectifs à long terme. Voyons comment vous pouvez développer cette compétence essentielle.

1. La différence entre réactivité et réponse

La réactivité est souvent due à des déclencheurs émotionnels, au stress ou à des habitudes bien ancrées. Elle est impulsive et conduit fréquemment à des regrets ou à des occasions manquées. Les réponses, en revanche, sont fondées sur la conscience et l'intention.

Caractéristiques de réactivité :

Des actions rapides et irréfléchies.

Poussé par des émotions fortes (colère, peur, frustration).

Souvent, il intensifie les conflits ou aggrave les situations.

Laisse peu de place à la pensée critique ou à la créativité.

Caractéristiques de la réponse :

Des actions réfléchies et délibérées.

Enraciné dans la conscience de soi et la régulation émotionnelle.

Se concentre sur la résolution des problèmes et les résultats positifs.

Renforce les relations et instaure la confiance.

Votre tâche :

Pensez à une situation récente dans laquelle vous avez réagi de manière impulsive. Notez ce qui s'est passé, ce que vous avez ressenti et le résultat. Ensuite, imaginez comment la situation aurait pu se dérouler si vous aviez réagi autrement.

2. Reconnaître les déclencheurs émotionnels

La première étape pour remplacer la réactivité par la réponse consiste à identifier ce qui vous met hors de vous. Les déclencheurs émotionnels sont des stimuli qui suscitent des réactions fortes, souvent automatiques.

Déclencheurs courants :

Déclencheurs externes : Critiques, rejet, environnements stressants.

Déclencheurs internes : Doute de soi, peur de l'échec, expériences passées.

Comment identifier les éléments déclencheurs :

Tenez un journal de vos réactions : Tenez un journal des moments où vous vous sentez réagir de manière impulsive. Notez ce qui vous a déclenché et ce que vous avez ressenti.

Réfléchissez aux schémas : Recherchez les thèmes récurrents dans vos réactions.

Prêtez attention aux indices physiques : Remarquez les sensations corporelles telles que l'accélération du rythme cardiaque, les poings serrés ou la poitrine oppressée - elles sont souvent le signe d'une activation émotionnelle.

Votre tâche :

Identifiez un déclencheur émotionnel et décrivez comment il affecte généralement votre comportement. Réfléchissez aux raisons pour lesquelles ce déclencheur a un impact sur vous et aux émotions sous-jacentes qu'il suscite.

3. Pratiquer la pause

La pause est l'outil le plus puissant pour passer de la réaction à la réponse. Elle crée un espace de prise de conscience et d'action intentionnelle.

Comment pratiquer la pause :

Respirez : Dans les moments d'intensité émotionnelle, prenez trois respirations lentes et profondes pour calmer votre système nerveux.

Nommez votre émotion : Nommez ce que vous ressentez (par exemple, "Je me sens frustré") afin de mieux vous connaître.

Posez une question : Avant d'agir, posez-vous la question suivante : "Qu'est-ce que je veux obtenir dans cette situation ?"

Votre tâche :

La prochaine fois que vous vous sentirez sur le point de réagir, pratiquez la pause. Notez ce que vous avez fait et comment cela a influencé le résultat.

4. Recadrer les pensées négatives

La réactivité est souvent alimentée par des schémas de pensée négatifs ou déformés. Apprendre à recadrer ces pensées peut vous aider à changer de perspective et à réagir plus efficacement.

Les schémas de pensée négatifs courants :

Catastrophisation : S'attendre au pire résultat possible.

Reformulez : "Quel est le résultat le plus probable et comment puis-je m'y préparer ?"

Personnalisation : Supposer que les actions des autres vous concernent.

Recadrer : "Il ne s'agit pas de moi, mais de leur état d'esprit".

Pensée noire et blanche : Voir les situations comme étant toutes bonnes ou toutes mauvaises.

Recadrer : "Il y a des nuances de gris - quel est le juste milieu ?

Votre tâche :

Notez une pensée négative récente et recadrez-la dans une perspective constructive ou neutre.

5. Renforcer la résilience émotionnelle

La résilience émotionnelle vous aide à rester calme et serein face aux défis, réduisant ainsi la probabilité d'un comportement réactif.

Stratégies de renforcement de la résilience :

Pratiquer la pleine conscience : La méditation régulière ou les exercices de pleine conscience vous permettent de prendre conscience de vos pensées et de vos émotions.

Développer des stratégies d'adaptation : Utilisez des techniques de référence, comme tenir un journal, faire de l'exercice ou parler à un ami, pour gérer vos émotions de manière constructive.

Cultiver l'optimisme : Concentrez-vous sur les solutions au lieu de vous attarder sur les problèmes.

Votre tâche :

Cette semaine, intégrez une activité de renforcement de la résilience dans votre routine quotidienne. Par exemple, commencez chaque journée par un exercice de pleine conscience de 5 minutes.

6. Communiquer de manière réfléchie

La réactivité peut nuire aux relations, alors qu'une communication réfléchie favorise la compréhension et la connexion. Apprendre à s'exprimer clairement et respectueusement est un élément clé pour répondre au lieu de réagir.

Conseils pour une communication réfléchie :

Utilisez des phrases en "je" : Mettez l'accent sur vos sentiments et vos besoins (par exemple, "Je me sens blessé quand...").

Écouter activement : Prêtez toute votre attention à l'autre personne sans planifier votre réponse pendant qu'elle parle.

Se concentrer sur les solutions : Au lieu d'attribuer des responsabilités, travaillez en collaboration pour résoudre le problème.

Votre tâche :

La prochaine fois que vous aurez une conversation difficile, entraînez-vous à utiliser les affirmations "je" et l'écoute active. Réfléchissez à la manière dont cela a influencé l'interaction.

7. Pratiquer l'autocompassion

La réactivité découle souvent d'une autocritique ou d'un sentiment d'inadéquation. La pratique de l'autocompassion vous aide à vous traiter avec gentillesse et patience, ce qui vous permet de réagir plus facilement et de manière constructive.

Comment pratiquer l'autocompassion :

    Reconnaissez votre humanité : Rappelez-vous que tout le monde commet des erreurs et doit relever des défis.

    Remettez en question l'autocritique : Remplacez les jugements sévères par des pensées encourageantes.

    Prenez soin de vous : Donnez la priorité aux activités qui nourrissent votre corps et votre esprit.

Votre tâche :

Écrivez une erreur que vous avez commise récemment. Au lieu de vous critiquer, écrivez un message gentil et compréhensif, comme si vous parliez à un ami.

8. Remplacer les habitudes de réactivité

Briser l'habitude de la réactivité exige de la constance et une pratique intentionnelle. Plus vous choisirez des réponses réfléchies, plus cela deviendra naturel.

Étapes pour remplacer la réactivité :

Identifiez les schémas réactifs : Notez les situations spécifiques dans lesquelles vous réagissez souvent de manière impulsive.

Créer de nouveaux scénarios : Élaborer des réponses intentionnelles aux déclencheurs courants.

S'entraîner régulièrement : Utilisez des situations à faible enjeu pour répéter des réponses réfléchies.

Votre tâche :

Choisissez une habitude réactive que vous voulez changer. Rédigez un nouveau scénario ou une nouvelle réponse que vous utiliserez la prochaine fois que la situation se présentera.

9. Les avantages à long terme de réponses réfléchies

Lorsque vous remplacez la réactivité par la réponse, vous constatez des améliorations dans de nombreux domaines de votre vie :

Des relations plus fortes : Les autres auront confiance et respecteront votre approche mesurée.

De meilleures décisions : Des actions réfléchies conduisent à des résultats plus efficaces.

Réduction du stress : Vous aurez l'impression de mieux contrôler vos émotions et vos comportements.

Amélioration de l'estime de soi : Répondre de manière réfléchie renforce le sentiment d'autonomie personnelle.

Réflexions finales

Apprendre à remplacer la réactivité par la réponse est une compétence transformatrice qui vous servira toute votre vie. En pratiquant la conscience de soi, en renforçant la résilience et en développant une communication réfléchie, vous prendrez le contrôle de vos actions et obtiendrez des résultats plus positifs dans tous les domaines de votre vie.

Dans le prochain chapitre, nous verrons comment maintenir ces changements et intégrer toutes les leçons de ce livre dans un plan complet de réussite à long terme. Continuez à faire du bon travail - vous maîtrisez l'art de la vie intentionnelle !

Chapitre 12 :
Renforcer les relations grâce à l'intelligence émotionnelle (QE)

Dans ce chapitre, nous verrons comment l'intelligence émotionnelle (QE) peut transformer vos relations, qu'elles soient familiales, amicales, professionnelles ou amoureuses. Les relations s'épanouissent lorsqu'elles reposent sur la confiance, l'empathie et une communication efficace - des compétences clés que le QE vous aide à maîtriser. Renforcer vos relations ne consiste pas seulement à éviter les conflits, mais aussi à créer des liens plus profonds qui enrichissent votre vie et favorisent votre développement personnel.

Nous allons nous plonger dans des stratégies pratiques pour utiliser le QE afin d'entretenir et de maintenir des relations fructueuses.

1. Le rôle du QE dans les relations

L'intelligence émotionnelle jette les bases de relations solides. Lorsque vous comprenez vos émotions et celles des autres, vous pouvez relever les défis avec compassion et clarté.

Pourquoi le QE est important :

   Conscience de soi : Vous aide à comprendre vos besoins émotionnels et à les communiquer efficacement.

   Empathie : permet de voir les choses du point de vue d'une autre personne, ce qui favorise la compréhension mutuelle.

   L'autorégulation : Permet de rester calme et constructif en cas de conflit.

   Compétences sociales : Améliore votre capacité à établir des relations, à résoudre des conflits et à maintenir des limites saines.

Votre tâche :

Pensez à une relation que vous souhaitez améliorer. Écrivez comment les cinq composantes du QE pourraient vous aider dans cette dynamique spécifique.

2. Cultiver la conscience émotionnelle dans les relations

La connaissance de soi est le point de départ du renforcement des relations. La compréhension de vos schémas émotionnels vous permet d'interagir avec les autres de manière plus authentique et plus efficace.

Comment cultiver la conscience émotionnelle :

    Faites le point avec vous-même : Avant d'engager une conversation difficile, prenez le temps d'identifier vos émotions et vos motivations.

    Surveillez vos schémas émotionnels : Remarquez comment certaines personnes ou situations vous font systématiquement sentir.

    Partagez vos sentiments de manière constructive : Utilisez des phrases en "je" pour exprimer vos émotions sans les blâmer (par exemple, "Je me sens dépassé lorsque les plans changent soudainement").

Votre tâche :

Pendant une semaine, notez vos réactions émotionnelles lors de vos interactions avec les autres. Identifiez un cas où une meilleure connaissance de soi aurait pu améliorer le résultat.

3. Développer l'empathie pour approfondir les liens

L'empathie permet de comprendre le point de vue et les sentiments des autres. Lorsque les gens se sentent compris, ils sont plus enclins à vous faire confiance et à se rapprocher de vous.

Comment pratiquer l'empathie :

Écouter activement : Prêtez toute votre attention à l'autre personne, en vous concentrant sur ses paroles, son ton et son langage corporel.

Validez vos sentiments : Reconnaissez vos émotions en disant par exemple : "C'est vraiment frustrant".

Posez des questions ouvertes : Encouragez un partage plus approfondi en posant des questions telles que : "Qu'avez-vous ressenti ?"

Votre tâche :

Choisissez une personne dans votre vie avec laquelle vous aimeriez vous rapprocher davantage. Pratiquez l'écoute active lors de votre prochaine conversation et réfléchissez à la façon dont elle a modifié l'interaction.

4. Gérer les conflits grâce à l'intelligence émotionnelle

Les conflits sont inévitables dans toute relation, mais la façon dont vous les gérez détermine s'ils renforcent ou affaiblissent le lien. Le QE vous aide à aborder les conflits en mettant l'accent sur la résolution plutôt que sur le blâme.

Étapes de la résolution des conflits à l'aide du QE :

Restez calme : Pratiquez l'autorégulation en vous arrêtant pour respirer ou en vous éloignant temporairement si les émotions sont trop fortes.

Concentrez-vous sur le problème, pas sur la personne : Évitez les attaques personnelles et concentrez-vous sur la résolution du problème.

Rechercher des solutions gagnant-gagnant : Viser des résultats qui répondent aux besoins des deux parties chaque fois que cela est possible.

S'excuser et pardonner : Reconnaissez vos erreurs et laissez tomber les rancunes pour rétablir la confiance.

Votre tâche :

Pensez à un conflit récent. Écrivez comment vous auriez pu appliquer ces étapes pour le gérer de manière plus constructive.

5. Renforcer les compétences en matière de communication

Une communication efficace est l'épine dorsale des relations saines. Le QE vous donne les outils nécessaires pour vous exprimer clairement tout en comprenant les autres.

Conseils pour une communication efficace :

Pratiquez la transparence : Partagez vos pensées et vos sentiments avec honnêteté et respect.

Utilisez des signaux non verbaux : Maintenez un langage corporel ouvert et un contact visuel pour montrer que vous êtes engagé.

Évitez les suppositions : Clarifiez les malentendus au lieu de tirer des conclusions hâtives.

Le choix du moment est important : Choisissez le bon moment pour aborder des sujets sensibles, lorsque les deux parties sont calmes et réceptives.

Votre tâche :

Identifiez un problème de communication récurrent dans une relation clé. Planifiez et mettez en pratique la façon dont vous allez le résoudre à l'aide de ces conseils.

6. Fixer et respecter des limites

Des limites saines protègent les relations en garantissant le respect et la compréhension mutuels. Elles vous aident à gérer votre énergie et votre bien-être émotionnel tout en favorisant la confiance.

Comment fixer des limites :

   Définissez vos limites : Définissez clairement ce qui vous convient et ce qui dépasse les bornes.

   Communiquez avec fermeté mais gentiment : utilisez des phrases telles que "J'ai besoin de temps calme pour me ressourcer le soir".

   Respecter les limites des autres : Écouter et respecter les limites exprimées par les autres.

Votre tâche :

Écrivez une limite que vous aimeriez établir dans une relation. Entraînez-vous à la communiquer de manière respectueuse et assurée.

7. Instaurer la confiance par la cohérence

La confiance se gagne par des actions cohérentes qui démontrent la fiabilité et l'attention. C'est la pierre angulaire de toute relation solide.

Comment établir la confiance :

   Respectez vos engagements : Faites ce que vous avez dit que vous feriez.

Soyez honnête : même si la vérité est difficile à dire, l'honnêteté favorise le respect.

Apportez votre soutien : Offrez des encouragements et de l'aide sans qu'on vous le demande.

Votre tâche :

Identifiez un moyen de faire preuve d'une plus grande cohérence dans une relation. Prévoyez d'agir en ce sens cette semaine.

8. Reconnaître et réparer les dommages causés aux relations

Aucune relation n'est parfaite et les erreurs se produisent. L'essentiel est d'aborder rapidement les problèmes et de réparer le mal qui a été fait.

Marche à suivre pour réparer les dommages :

Reconnaître le problème : Assumez la responsabilité de votre part dans le problème.

Présentez des excuses sincères : Exprimez vos remords sans justifier vos actes.

Faites amende honorable : Demandez ce que vous pouvez faire pour rétablir la confiance et aller jusqu'au bout.

Votre tâche :

Pensez à une relation qui a été tendue. Rédigez une lettre d'excuses, même si vous ne l'envoyez pas, pour vous entraîner à exprimer des remords sincères et à décrire les étapes de la réparation.

9. Les avantages du QE dans les relations

En renforçant vos relations par le biais du QE, vous ferez l'expérience suivante :

Des liens plus profonds : L'empathie et la compréhension favorisent l'établissement de liens significatifs.

Réduction du stress : Des relations saines apportent un soutien émotionnel dans les moments difficiles.

Amélioration de la résolution des conflits : Les désaccords sont résolus de manière constructive, ce qui réduit les tensions.

Croissance mutuelle : Des relations solides inspirent et soutiennent la croissance personnelle et commune.

Votre tâche :

Réfléchissez à une relation qui s'est améliorée grâce à l'amélioration de votre QE. Notez ce que vous avez fait différemment et l'impact que cela a eu sur la dynamique.

Réflexions finales

Le renforcement des relations grâce à l'intelligence émotionnelle est l'un des aspects les plus gratifiants du développement personnel. En pratiquant l'empathie, en améliorant la communication et en gérant les conflits de manière réfléchie, vous pouvez créer des liens qui enrichissent votre vie et vous aident à renverser vos mauvaises habitudes.

Dans le prochain chapitre, nous verrons comment maintenir les progrès accomplis et faire en sorte que ces changements s'inscrivent durablement dans votre mode de vie. Continuez - vous êtes en train de construire une vie remplie de relations significatives et épanouissantes !

Chapitre 13 :
L'empilement des habitudes pour réussir

Bienvenue au chapitre 13 ! Dans ce chapitre, nous allons explorer l'une des techniques les plus efficaces pour créer un changement durable : l'empilement des habitudes. L'accumulation d'habitudes est une stratégie qui consiste à créer de nouvelles habitudes en les associant à des habitudes existantes. Au lieu d'essayer de bouleverser votre vie d'un seul coup, vous associez de petites mesures réalisables à des routines que vous effectuez déjà quotidiennement.

Cette méthode s'appuie sur le pouvoir de l'élan et de la cohérence, ce qui facilite l'intégration d'habitudes positives dans votre vie. À la fin de ce chapitre, vous saurez comment concevoir et mettre en œuvre des piles d'habitudes pour soutenir vos objectifs en matière de santé, de richesse et d'intelligence émotionnelle.

1. Qu'est-ce que l'empilement d'habitudes ?

L'empilage d'habitudes a été popularisé par James Clear dans Atomic Habits et s'appuie sur la science de la psychologie comportementale. Le principe est simple : vous ancrez une nouvelle habitude à une habitude existante, créant ainsi une chaîne de comportements qui s'enchaînent naturellement.

Pourquoi ça marche :

Tirer parti des routines existantes : Vous ne partez pas de zéro.

Réduit la lassitude face aux décisions : Vous automatisez le processus de création d'habitudes.

Créer une dynamique : Les petites victoires se transforment en grands résultats au fil du temps.

Exemple :

Habitude existante : se brosser les dents le matin.

Nouvelle habitude : Pratiquer la gratitude en énumérant une chose dont vous êtes reconnaissant pendant ou immédiatement après le brossage.

Votre tâche :

Pensez à une habitude que vous prenez déjà quotidiennement. Réfléchissez à une habitude simple et bénéfique que vous pourriez y associer.

2. Conception de vos piles d'habitudes

La réussite de l'empilement des habitudes repose sur une planification réfléchie. Voici comment créer des piles d'habitudes efficaces :

Étape 1 : Identifier les habitudes d'ancrage

Commencez par dresser la liste des habitudes que vous prenez déjà régulièrement, par exemple :

Faire du café.

Prendre une douche.

Fermer la porte à clé en quittant le domicile.

Vérifier son courrier électronique.

Étape 2 : Choisir de nouvelles habitudes simples

Choisissez de petites habitudes réalisables qui correspondent à vos objectifs. Voici quelques exemples :

Boire un verre d'eau au réveil (santé).

Révision du budget après le déjeuner (richesse).

Prendre trois grandes respirations avant de répondre aux courriels (régulation émotionnelle).

Étape 3 : Rédiger une formule d'empilement d'habitudes

Utilisez le format suivant : "Après [habitude existante], je prendrai [nouvelle habitude]".

Exemple : "Après avoir préparé mon café du matin, je passerai en revue ma liste de tâches quotidiennes".

Étape 4 : Test et ajustement

Commencez modestement et affinez votre pile en fonction de ce qui vous convient.

Votre tâche :

Rédigez une formule complète d'empilage d'habitudes à essayer cette semaine.

3. L'empilement des habitudes pour la santé

Adopter un mode de vie plus sain ne doit pas être une tâche insurmontable. Utilisez l'accumulation d'habitudes pour améliorer votre alimentation, votre exercice et vos soins personnels.

Exemples :

Nutrition : Après avoir terminé un repas, je note ce que j'ai mangé dans un journal alimentaire.

Exercice : Après m'être brossé les dents le soir, je ferai 10 pompes.

Prendre soin de soi : Après m'être assis pour prendre mon petit-déjeuner, je méditerai pendant deux minutes.

Votre tâche :

Choisissez un objectif lié à la santé. Rédigez un ensemble d'habitudes qui le soutiennent et engagez-vous à les mettre en pratique quotidiennement au cours de la semaine suivante.

4. L'empilement des habitudes pour la richesse

L'acquisition d'une discipline financière et d'un patrimoine exige de la constance. L'accumulation d'habitudes peut vous aider à mettre en place des routines qui favorisent l'épargne, l'établissement d'un budget et la prise de décisions en connaissance de cause.

Exemples :

Budget : Après avoir consulté mon courrier électronique, je vérifie le solde de mes comptes bancaires.

Économiser de l'argent : Après avoir reçu mon salaire, je transfère 10 % sur mon compte d'épargne.

Apprendre : Après avoir fini de dîner, je lirai un article sur les finances personnelles.

Votre tâche :

Identifiez une habitude financière que vous aimeriez développer. Créez une pile d'habitudes pour l'ancrer dans une routine quotidienne existante.

5. L'empilement d'habitudes pour l'intelligence émotionnelle

L'amélioration de l'intelligence émotionnelle passe par des pratiques telles que la pleine conscience, l'empathie et une communication efficace. L'accumulation d'habitudes peut vous aider à intégrer ces pratiques de manière transparente dans votre journée.

Exemples :

La pleine conscience : Après avoir démarré ma voiture, je prendrai trois grandes respirations avant de conduire.

Empathie : Après avoir terminé une conversation, je réfléchis à ce que l'autre personne a pu ressentir.

La gratitude : Après avoir ouvert mon journal, j'écris une chose pour laquelle je suis reconnaissant.

Votre tâche :

Choisissez un aspect de l'intelligence émotionnelle que vous souhaitez renforcer. Rédigez une pile d'habitudes qui encourage une pratique régulière.

6. Résolution des problèmes courants

Même avec les meilleures intentions, l'accumulation d'habitudes peut se heurter à des obstacles. Voici comment les surmonter :

Défi 1 : Oublier la nouvelle habitude

La solution : Utilisez des rappels visuels, comme des notes autocollantes ou des alarmes téléphoniques, pour vous inciter à prendre cette habitude jusqu'à ce qu'elle devienne automatique.

Défi 2 : Surcharger votre routine

Solution : Commencez par prendre une petite habitude à la fois. Construisez progressivement pour ne pas vous laisser submerger.

Défi 3 : Perte de motivation

Solution : Célébrez les petites victoires et rappelez-vous l'objectif plus important que vos habitudes soutiennent.

Votre tâche :

Si vous avez déjà essayé d'accumuler des habitudes et que vous avez rencontré des difficultés, identifiez le problème auquel vous avez été confronté et rédigez un plan pour le résoudre.

7. Modifier la taille de vos piles d'habitudes

Une fois que vous aurez maîtrisé quelques petites piles, vous pourrez les étendre à des routines plus importantes. Par exemple :

Routine du matin :

Après le réveil, je bois un verre d'eau.

Après avoir bu de l'eau, je note mes trois principaux objectifs de la journée.

Après avoir rédigé mes objectifs, je passerai 5 minutes à m'étirer.

Routine du soir :

Après m'être brossé les dents, je passe en revue mes réalisations de la journée.

Après avoir passé en revue mes réalisations, je prépare ma tenue pour le lendemain.

Après avoir préparé ma tenue, je lirai 10 pages d'un livre.

Votre tâche :

Créez une routine simple le matin ou le soir en utilisant l'empilement des habitudes. Commencez par 2 ou 3 habitudes et élargissez-les progressivement.

8. Les avantages à long terme de l'accumulation d'habitudes

L'accumulation d'habitudes vous aide à créer une vie où le succès devient automatique. En associant des habitudes positives à des routines existantes, vous.. :

Gagner du temps : Réduire la prise de décision en établissant des routines structurées.

Restez cohérent : Les petites actions quotidiennes donnent de grands résultats à long terme.

Atteignez vos objectifs : Alignez vos habitudes sur vos objectifs de santé, de richesse et de développement personnel.

Réflexions finales

L'empilage d'habitudes est plus qu'une simple astuce de productivité - c'est un cadre de vie intentionnel. En ancrant de nouvelles habitudes dans les routines existantes, vous pouvez créer un effet d'entraînement et de changement positif dans tous les domaines de votre vie.

Dans le prochain chapitre, nous rassemblerons tous les éléments et nous verrons comment maintenir les progrès réalisés, en veillant à ce que les habitudes que vous avez prises conduisent à une transformation durable. Vous y êtes presque, continuez !

Chapitre 14 : Le rôle de la responsabilité

La responsabilité est la force invisible qui peut faire ou défaire votre succès. Il ne s'agit pas seulement de cocher des tâches, mais aussi de favoriser l'engagement, de développer la résilience et de créer une structure de soutien qui vous permet d'aller de l'avant, même lorsque la motivation faiblit.

Dans ce chapitre, nous verrons comment fonctionne la responsabilisation, pourquoi elle est essentielle pour inverser les mauvaises habitudes et comment vous pouvez l'intégrer à votre parcours. À la fin, vous disposerez des outils nécessaires pour mettre en place des systèmes de responsabilisation qui vous permettront de rester sur la bonne voie et d'atteindre vos objectifs.

1. Qu'est-ce que la responsabilité ?

Au fond, la responsabilisation est la pratique qui consiste à assumer la responsabilité de ses actes et de ses progrès. Elle implique de reconnaître les succès et les échecs tout en s'efforçant de s'améliorer en permanence.

Aspects clés de la responsabilité :

La responsabilité : Assumer ses décisions et leurs conséquences.

Transparence : Être honnête au sujet de ses efforts et de ses difficultés.

Soutien : Tirer parti des relations et des systèmes pour vous permettre de rester en phase avec vos objectifs.

Votre tâche :

Réfléchissez à un moment où vous avez réussi parce que quelqu'un ou quelque chose vous a demandé des comptes. Notez ce qui a fonctionné et ce qui vous a motivé.

2. Pourquoi l'obligation de rendre compte est-elle importante ?

Sans responsabilisation, il est facile de laisser des excuses, des distractions ou un manque de discipline faire dérailler vos progrès. Voici pourquoi la responsabilisation est essentielle :

Accroît l'engagement : Vous avez plus de chances d'atteindre vos objectifs si quelqu'un d'autre en est conscient.

Elle permet d'avoir un point de vue : Les autres peuvent vous aider à voir les angles morts et les points à améliorer.

La cohérence : Des contrôles réguliers créent une dynamique, transformant les intentions en habitudes.

Encourage la résilience : Des partenaires ou des systèmes de responsabilisation peuvent vous motiver à continuer dans les moments difficiles.

Votre tâche :

Notez un domaine dans lequel le manque de responsabilité a entravé vos progrès. Identifiez comment un système de responsabilisation aurait pu vous aider.

3. Types de systèmes de responsabilité

La responsabilisation peut prendre de nombreuses formes. Choisissez celle(s) qui correspond(ent) le mieux à votre personnalité et à vos objectifs :

a. L'auto-responsabilité :

Suivre ses propres progrès à l'aide d'outils tels que des journaux, des outils de suivi des habitudes ou des applications.

Exemple : Utiliser un agenda quotidien pour noter les habitudes ou les tâches accomplies.

Conseil : Réfléchissez chaque semaine à ce qui a bien fonctionné et à ce qui doit être corrigé.

b. Responsabilité des pairs :

S'associer avec un ami, un collègue ou un membre de la famille pour partager les objectifs et les progrès.

Exemple : Engagez-vous à faire le point chaque semaine avec un ami sur vos objectifs de remise en forme.

Conseil : Choisissez une personne fiable et encourageante.

c. Responsabilité du groupe :

Rejoindre un groupe ayant des objectifs communs, tel qu'un cours de fitness ou un groupe de réflexion.

Exemple : Participer à un forum en ligne où les membres partagent leurs progrès et leurs défis.

Conseil : participez activement pour tirer le meilleur parti du groupe.

d. Responsabilité professionnelle :

Engager un coach, un mentor ou un thérapeute pour vous guider et vous soutenir.

Exemple : Travaillez avec un conseiller financier pour établir un budget et le respecter.

Conseil : Assurez-vous que le professionnel correspond à vos valeurs et à vos objectifs.

Votre tâche :

Identifiez le type de responsabilité qui vous convient le mieux. Écrivez une façon de l'intégrer dans votre vie cette semaine.

4. Intégrer la responsabilisation dans votre vie quotidienne

Pour que la responsabilisation soit efficace, vous devez l'intégrer dans vos habitudes. Voici comment procéder :

a. Fixer des objectifs clairs :

La responsabilisation commence par la connaissance de l'objectif à atteindre. Définissez vos objectifs avec des résultats spécifiques et mesurables.

Exemple : Au lieu de "Je veux économiser de l'argent", dites "Je vais économiser 100 dollars chaque semaine pendant les trois prochains mois".

b. Créer des points de contrôle :

Divisez votre objectif en étapes plus petites et planifiez des contrôles réguliers.

Exemple : Examinez vos dépenses tous les dimanches pour vous assurer que vous respectez votre budget.

c. Utiliser des outils de responsabilisation :

Tirez parti de la technologie pour rester sur la bonne voie. Les applications, les rappels et les traceurs numériques peuvent vous aider.

Exemple : Utilisez une application de fitness pour enregistrer vos séances d'entraînement et suivre vos progrès.

d. Célébrer les victoires :

Reconnaître et récompenser les progrès réalisés pour rester motivé.

Exemple : Offrez-vous quelque chose d'agréable lorsque vous atteignez une étape clé.

Votre tâche :

Choisissez un objectif et définissez trois points de contrôle pour mesurer vos progrès. Décidez de la manière dont vous vous récompenserez pour avoir atteint chacun d'entre eux.

5. Responsabilité en matière de santé

Pour inverser des habitudes malsaines, la responsabilisation est inestimable. Elle permet de rester motivé et d'éviter de retomber dans ses travers.

Stratégies de responsabilisation en matière de santé :

Suivez vos progrès : Enregistrez quotidiennement vos séances d'entraînement, vos repas ou vos variations de poids.

Faites équipe : Faites de l'exercice avec un ami ou rejoignez un groupe de fitness.

Faites appel à des professionnels : Engagez un entraîneur personnel ou un nutritionniste pour vous guider.

Votre tâche :

Fixez-vous un objectif de santé (par exemple, faire de l'exercice trois fois par semaine). Écrivez comment vous vous tiendrez responsable de l'atteinte de cet objectif.

6. Responsabilité en matière de richesse

La discipline financière se nourrit de la responsabilité. Elle vous permet de rester honnête en matière de dépenses, d'épargne et de planification.

Stratégies pour la responsabilité financière :

Établissez un budget : Partagez-le avec un ami ou un conseiller de confiance.

Automatiser l'épargne : Mettez en place des transferts automatiques vers un compte d'épargne.

Révision mensuelle : Planifiez des révisions régulières de vos objectifs financiers.

Votre tâche :

Choisissez une habitude financière (par exemple, épargner 50 $ par semaine). Décidez comment et avec qui vous resterez responsable du maintien de cette habitude.

7. La responsabilité dans la croissance émotionnelle

Le développement de l'intelligence émotionnelle nécessite une pratique régulière, que la responsabilisation peut soutenir.

Stratégies de responsabilisation en matière de QE :

Journal : Écrire sur les interactions quotidiennes et réfléchir à la manière dont vous avez géré vos émotions.

Pratiquer des vérifications : Faites équipe avec quelqu'un pour partager les objectifs et les réflexions hebdomadaires en matière de QE.

Demandez un retour d'information : Demandez à des personnes de confiance de vous donner leur avis sur la façon dont vous gérez vos émotions.

Votre tâche :

Rédigez un objectif de QE (par exemple, faire une pause avant de réagir dans des situations tendues). Déterminez comment vous suivrez vos progrès et qui peut vous aider.

8. Surmonter les résistances à l'obligation de rendre compte

Il est naturel d'hésiter à rendre des comptes. Voici comment lever les obstacles les plus courants :

Barrière 1 : La peur du jugement

   Solution : Choisissez des personnes ou des outils qui vous soutiennent et ne portent pas de jugement pour vous responsabiliser.

Obstacle 2 : Éviter la responsabilité

   Solution : Divisez vos objectifs en étapes plus petites et plus faciles à gérer pour que les progrès vous paraissent réalisables.

Obstacle 3 : Manque de cohérence

   Solution : Planifiez des contrôles réguliers et fixez des rappels pour rester sur la bonne voie.

Votre tâche :

Identifiez un obstacle auquel vous êtes confronté en matière de responsabilité et écrivez comment vous allez le surmonter.

9. Les avantages à long terme de l'obligation de rendre compte

La responsabilisation n'est pas seulement un outil permettant d'atteindre des objectifs à court terme ; elle permet de créer des habitudes qui favorisent la réussite à long terme. Grâce à une responsabilisation constante, vous pourrez :

Développer une plus grande autodiscipline.

Renforcer la confiance en soi et dans les autres.

Atteindre les objectifs plus efficacement.

Créez un système de soutien qui vous aide à progresser.

Réflexions finales

La responsabilisation transforme les intentions en actions et les aspirations en réalisations. En adoptant la responsabilisation en matière de santé, de richesse et d'intelligence émotionnelle, vous développerez la discipline et le soutien nécessaires pour renverser les mauvaises habitudes et atteindre vos objectifs.

Dans le prochain chapitre, nous ferons le lien entre tous ces éléments et nous discuterons des stratégies permettant de maintenir les progrès accomplis. Restez engagé, vous approchez de la ligne d'arrivée !

Chapitre 15 :
Célébrer les étapes importantes

Vous avez travaillé dur pour inverser vos mauvaises habitudes, et chaque étape de votre parcours mérite d'être soulignée. Célébrer les étapes importantes ne consiste pas seulement à se féliciter, mais aussi à renforcer les comportements positifs et à maintenir la motivation sur le long terme.

Dans ce chapitre, nous aborderons l'importance de la reconnaissance des progrès, la manière de définir les étapes et les meilleures façons de les célébrer. À la fin, vous saurez comment faire de la célébration un outil puissant pour une réussite durable.

1. L'importance de la célébration des étapes

Célébrer les étapes importantes n'est pas complaisant, c'est stratégique. Elle permet de maintenir l'engagement, de renforcer les progrès et de créer un lien émotionnel positif avec vos efforts.

Les avantages de la célébration des étapes :

L'élan est donné : Reconnaître les petites victoires permet de rester motivé pour relever des défis plus importants.

Renforcer les habitudes : Les récompenses créent un renforcement positif qui permet de conserver les nouvelles habitudes.

Renforcement de la confiance en soi : Les célébrations vous rappellent le chemin parcouru et renforcent votre confiance en vous.

Prévenir l'épuisement : Prendre le temps de célébrer réduit le stress et rend le voyage agréable.

Votre tâche :

Réfléchissez à une réalisation récente, petite ou grande. Comment l'avez-vous reconnu ? Si vous ne l'avez pas fait, réfléchissez à la manière dont vous auriez pu le célébrer de manière significative.

2. Définir vos étapes

Il n'est pas nécessaire que toutes les étapes soient monumentales. Divisez votre parcours en segments gérables et célébrez les progrès réalisés à chaque étape.

Types de jalons :

Micro-jalons : Petites victoires quotidiennes ou hebdomadaires (par exemple, respecter son budget pendant une semaine).

Jalons moyens : Points de progrès significatifs (par exemple, perdre 5 kilos, économiser 1 000 dollars).

Les grandes étapes : Atteindre des objectifs à long terme (par exemple, rembourser des dettes, courir un marathon).

Comment identifier les étapes :

S'aligner sur vos objectifs : Choisissez des étapes qui reflètent les progrès accomplis dans la réalisation de vos objectifs en matière de santé, de richesse ou de QE.

Soyez précis : Définissez des objectifs clairs et mesurables.

Les rendre réalistes : veiller à ce que les étapes soient ambitieuses mais réalisables.

Exemple :

Si votre objectif est de perdre 20 livres, vos étapes pourraient être les suivantes :

Perdre les 5 premiers kilos (micro).

Atteindre une perte de 10 livres (moyenne).

Atteindre la barre des 20 livres (majeur).

Votre tâche :

Écrivez un objectif à long terme et trois jalons qui représentent des progrès vers sa réalisation.

3. Choisir des récompenses significatives

Les célébrations doivent être personnelles et gratifiantes, mais ne doivent pas faire dérailler vos progrès. Choisissez des récompenses qui correspondent à vos valeurs et qui renforcent les habitudes positives.

Idées de récompenses par catégorie :

La santé :

Acheter une nouvelle tenue d'entraînement.

Offrez-vous un massage.

Essayez une nouvelle recette saine.

Richesse :

Accordez-vous un petit plaisir sans culpabilité (par exemple, un repas ou un livre préféré).

Mettez de côté de l'"argent pour le plaisir" pour une expérience que vous aimez.

Investissez dans un cours ou un outil qui vous aide à atteindre vos objectifs financiers.

L'intelligence émotionnelle :

Prenez une journée pour prendre soin de vous, en tenant un journal ou en vous relaxant dans la nature.

Célébrez l'événement avec un ami qui vous a soutenu dans votre développement.

Récompensez-vous en consacrant du temps à votre passe-temps favori.

Votre tâche :

Choisissez une étape importante à laquelle vous travaillez. Rédigez une récompense qui vous semble significative et qui correspond à vos progrès.

4. Célébrer sans saboter

Il est essentiel que les célébrations n'annulent pas les progrès réalisés. Par exemple, si vous avez fait de gros efforts pour manger sainement, ne laissez pas un "repas triche" se transformer en une semaine d'excès.

Conseils pour des célébrations équilibrées :

Contrôlez vos récompenses : Choisissez des récompenses qui vous apportent de la joie sans compromettre vos objectifs.

Célébrez les progrès, pas la perfection : Concentrez-vous sur les efforts que vous avez accomplis, même si le parcours n'est pas parfait.

Soyez créatif : Cherchez des moyens non matériels de célébrer l'événement, en passant du temps avec vos proches ou en découvrant de nouvelles expériences.

Exemple :

Au lieu de fêter la perte de poids en mangeant de la malbouffe, récompensez-vous avec une nouvelle paire de chaussures de course ou une activité de plein air amusante.

Votre tâche :

Pensez à une occasion où une célébration a conduit à un retour en arrière. Comment auriez-vous pu célébrer différemment pour maintenir l'élan ?

5. Partager ses victoires

Les célébrations prennent encore plus de sens lorsqu'elles sont partagées avec d'autres personnes. Qu'il s'agisse d'un ami proche, d'un membre de la famille ou d'un partenaire de responsabilisation, la participation d'autres personnes peut amplifier la joie et la motivation.

Façons de partager :

    Médias sociaux : Publiez vos progrès pour inspirer les autres.

    Groupes de responsabilité : Partagez les étapes franchies lors des visites de contrôle.

    Célébrez ensemble : Invitez une personne qui vous a soutenu à se joindre à votre célébration.

Votre tâche :

Identifiez une personne avec laquelle vous aimeriez partager votre prochaine étape. Écrivez la façon dont vous l'associerez à votre célébration.

6. Réflexion sur votre parcours

La célébration de ces étapes est également l'occasion de réfléchir à ce que vous avez appris et à la manière dont vous avez évolué. Profitez-en pour reconnaître votre résilience, votre capacité d'adaptation et votre dévouement.

Questions de réflexion :

Quels sont les défis que j'ai relevés pour atteindre cette étape ?

Quelles sont les stratégies qui ont bien fonctionné et celles que je pourrais améliorer ?

Comment la réalisation de cette étape me rapproche-t-elle de mon objectif à long terme ?

Votre tâche :

Après avoir atteint votre prochaine étape, passez 10 minutes à tenir un journal sur le chemin parcouru jusqu'à présent.

7. L'effet d'entraînement des célébrations

Lorsque vous vous réjouissez, vous créez une dynamique positive qui se répercute sur d'autres aspects de votre vie. Reconnaître les progrès réalisés dans un domaine (par exemple, la santé) peut vous inciter à redoubler d'efforts dans un autre domaine (par exemple, la richesse ou le QE).

Exemples d'effets d'entraînement :

Se sentir confiant après avoir atteint un objectif de remise en forme peut vous motiver à relever un défi financier.

Célébrer l'amélioration de la communication avec un partenaire peut renforcer votre engagement en faveur du développement personnel.

Votre tâche :

Notez une victoire récente et indiquez comment elle a eu un impact positif sur un autre aspect de votre vie.

8. Créer une habitude de célébration

Tout comme vous prenez des habitudes en matière de santé, de richesse et de QE, vous pouvez prendre l'habitude de célébrer vos progrès.

Étapes à suivre pour faire des célébrations une routine :

Planifiez à l'avance : Attribuez à l'avance des récompenses à des étapes spécifiques.

Suivez vos progrès : Utilisez un journal ou un carnet de suivi pour noter les étapes franchies.

Planifiez les célébrations : Traitez les célébrations comme des rendez-vous que vous ne manquerez pas.

Votre tâche :

Passez en revue vos objectifs actuels et les étapes franchies. Fixez un moment précis pour célébrer votre prochaine victoire.

9. Le pouvoir à long terme des célébrations

Les célébrations ne sont pas seulement des récompenses, elles renforcent l'état d'esprit et les comportements qui mènent au succès. En célébrant régulièrement, vous.. :

Rester motivé en relevant des défis.

Approfondissez votre lien avec vos objectifs.

Construisez une vie qui valorise l'effort et le progrès.

Réflexions finales

La célébration des étapes franchies est le carburant qui alimente votre parcours. En reconnaissant les progrès réalisés de manière significative, non seulement vous maintenez votre élan, mais vous faites également du processus d'inversion des mauvaises habitudes une expérience agréable et enrichissante.

À mesure que vous avancez, n'oubliez pas que chaque étape, aussi petite soit-elle, mérite d'être célébrée. Dans le prochain et dernier chapitre, nous nous concentrerons sur le maintien du succès que vous avez construit et sur la création d'une feuille de route pour la croissance tout au long de la vie. Restez engagé - vous êtes presque à la ligne d'arrivée !

Conclusion :
Votre nouvelle réalité

Au terme de ce voyage, vous aurez acquis les outils nécessaires pour transformer vos habitudes et, par extension, votre vie. Mais ce n'est que le début. Le processus consistant à inverser les mauvaises habitudes et à les remplacer par de nouvelles, plus fortes, se poursuit. En fait, le véritable travail commence maintenant. Ce que vous avez appris peut vous aider à créer une vie de croissance constante, de maîtrise de soi et d'épanouissement. Cette nouvelle réalité n'est pas un rêve lointain, mais une réalité dans laquelle vous pouvez entrer dès maintenant.

1. Les habitudes sont la base de votre nouvelle réalité

Les habitudes que vous avez adoptées jusqu'à présent ont façonné votre vie de manière à la fois évidente et subtile. Elles ont déterminé votre santé, votre richesse, vos relations et votre bien-être émotionnel. En changeant ces habitudes, vous ne vous contentez pas d'améliorer certains aspects de votre vie ; vous remodelez l'ensemble des fondations sur lesquelles votre avenir sera construit.

Votre nouvelle réalité sera une réalité où

    La santé devient une habitude, pas un objectif. Vous n'aurez plus à vous forcer pour faire des choix sains ; ils viendront naturellement, intégrés dans vos habitudes.

    La richesse est gérée et accumulée de manière systématique, plutôt que de dépendre de la chance ou d'efforts sporadiques. Vous disposerez des outils nécessaires pour prendre des décisions financières éclairées, épargner intentionnellement et faire fructifier votre patrimoine au fil du temps.

    L'intelligence émotionnelle guide vos relations, ce qui vous permet d'établir des liens plus profonds avec les autres et de renforcer votre sentiment d'identité. Vous serez en mesure de relever les défis de la vie avec grâce, empathie et résilience.

Tout au long de votre parcours, n'oubliez pas que les habitudes s'accumulent. De petites actions cohérentes conduiront à des changements monumentaux. C'est le pouvoir des habitudes à l'œuvre.

Tâche de réflexion :

Écrivez une habitude clé qui a le plus grand potentiel de transformer votre vie. Décrivez l'impact qu'elle aura sur votre réalité future.

2. Le pouvoir de la cohérence

L'une des leçons les plus importantes que vous avez apprises dans ce livre est que le changement ne se produit pas par de soudaines poussées de volonté, mais par une action cohérente. Renouveler ses habitudes est un processus lent et délibéré qui ne produit pas toujours des résultats immédiats. Cependant, la constance vous permettra de prendre de l'élan et de faire en sorte que les comportements que vous vous êtes efforcé de mettre en place deviennent une seconde nature.

Même si la tentation de retomber dans vos vieux schémas se fera sentir, la constance que vous avez cultivée deviendra une force puissante qui vous maintiendra sur la bonne voie. En restant fidèle à vos nouvelles habitudes, vous commencerez à les voir s'enraciner, devenant plus faciles et plus automatiques.

La clé du succès :

Ne visez pas la perfection, mais concentrez-vous sur les progrès. En cas de faux pas, remettez-vous simplement sur les rails sans vous juger.

Célébrez chaque victoire, aussi petite soit-elle. Chaque changement positif renforce le prochain pas en avant.

Suivez vos progrès afin de vous rendre compte du chemin parcouru. Cela renforcera votre confiance et vous aidera à rester motivé.

3. Considérer les revers comme des opportunités de croissance

La transformation n'est pas linéaire et les revers font inévitablement partie du processus. L'essentiel est de ne pas considérer les revers comme des échecs, mais comme des opportunités de croissance et d'apprentissage.

Par exemple, si vous reprenez une vieille habitude alimentaire ou si vous dépensez trop, ne vous en servez pas comme excuse pour abandonner. Au contraire, profitez de ce revers pour identifier ce qui a déclenché ce comportement, réévaluer vos stratégies et revenir plus fort. Les revers sont des moments de réflexion qui vous permettent d'ajuster votre approche et d'affiner votre détermination.

Comment gérer les revers :

Revenez sur les éléments déclencheurs : Quelle situation ou quel sentiment vous a conduit à déraper ? Comment pouvez-vous l'aborder différemment la prochaine fois ?

Pratiquez l'autocompassion : Comprenez que le changement est difficile et soyez indulgent avec vous-même lorsque les choses ne se déroulent pas comme prévu.

Se ressaisir rapidement : Plutôt que de laisser un seul faux pas faire dérailler vos progrès, remettez-vous immédiatement sur les rails et continuez avec détermination.

Mesures à prendre :

Pensez à un échec récent que vous avez subi. Comment pouvez-vous le recadrer comme une opportunité d'apprentissage et de croissance ?

4. Croissance continue et amélioration de soi

Le travail d'inversion des mauvaises habitudes n'est jamais vraiment terminé. La vie est en constante évolution et, au fur et à mesure que vous grandissez, vous rencontrez de nouveaux défis, de nouvelles opportunités et des phases de la vie qui nécessitent une adaptation. Vos habitudes évolueront avec vous, et la clé d'un succès durable est de maintenir un état d'esprit de croissance continue.

Comment continuer à grandir :

   Continuez à apprendre : Qu'il s'agisse de livres, de cours ou d'expériences personnelles, continuez à rechercher des connaissances et à affiner vos habitudes.

   Fixez de nouveaux objectifs : Au fur et à mesure que vous franchissez une étape, fixez-en une autre pour continuer à vous dépasser.

   Réfléchissez régulièrement : Prévoyez du temps chaque mois ou chaque trimestre pour réfléchir à vos habitudes, à vos objectifs et à vos progrès globaux.

Plus vous investissez dans votre développement personnel, plus vos habitudes deviendront puissantes. Elles deviendront un système qui soutiendra votre vision en constante évolution de la personne que vous voulez être.

5. L'impact sur les autres

Au fur et à mesure que vous changez, vos relations avec les autres changent également. La transformation positive que vous vivez se répercute naturellement sur les personnes qui vous entourent. Lorsque vous adoptez de meilleures habitudes, vous devenez un exemple de ce qu'il est possible de faire, ce qui incite les personnes qui vous entourent à faire des changements à leur tour.

En renforçant votre intelligence émotionnelle, votre discipline financière et votre santé physique, vous devenez un meilleur partenaire, parent, ami et collègue. L'énergie positive que vous créez sera contagieuse, ce qui vous permettra de nouer des relations plus profondes et plus épanouissantes et de bénéficier d'un réseau social plus solidaire.

Mesures à prendre :

Pensez à une personne dont la vie pourrait être positivement influencée par votre transformation. Comment pouvez-vous partager votre parcours avec elle ou la soutenir dans sa propre croissance ?

6. Vivre en accord avec sa vision

Tout en embrassant votre nouvelle réalité, veillez à ce que vos habitudes soient toujours en phase avec votre vision à long terme. Vos habitudes doivent refléter la personne que vous voulez devenir et la vie que vous voulez créer.

Si votre objectif est d'être en bonne santé et fort, vos habitudes doivent favoriser une activité physique régulière et une alimentation équilibrée. Si votre vision est l'indépendance financière, vos habitudes doivent inclure l'épargne, l'investissement et l'établissement d'un budget. Si votre vision est d'être émotionnellement intelligent, vos habitudes doivent favoriser l'autoréflexion, l'empathie et la pleine conscience.

Comment rester aligné :

   Revoyez régulièrement votre vision : Gardez-la à l'esprit afin d'orienter vos habitudes dans ce sens.

   Faites les ajustements nécessaires : La vie change, et vos habitudes aussi. Réévaluez périodiquement si vos actions sont toujours en phase avec vos objectifs ultimes.

7. Votre nouvelle réalité commence maintenant

Vous avez fait le premier pas pour inverser vos mauvaises habitudes et établir de nouvelles routines qui vous confortent dans votre vie. Les outils et les stratégies que vous avez appris vous serviront de feuille de route pour continuer à réussir.

Mais n'attendez pas le moment "parfait" pour commencer. Commencez dès aujourd'hui. Les petites actions entreprises aujourd'hui conduiront à de grands résultats au fil du temps. Chaque jour est l'occasion de renforcer les nouvelles habitudes qui façonneront votre nouvelle réalité.

Dernier encouragement :

Vous êtes capable de vous transformer. Le pouvoir de changer est en vous, et vous avez maintenant les connaissances et les outils pour le faire. Gardez une vision claire, des actions cohérentes et un état d'esprit ouvert. Votre nouvelle réalité vous attend.

Faisons en sorte que cela se produise.

Glossaire

Partenaire de responsabilisation

Une personne de confiance qui vous apporte son soutien, ses encouragements et ses commentaires honnêtes pour vous aider à rester sur la bonne voie en ce qui concerne vos objectifs et vos habitudes.

L'automaticité

L'état dans lequel un comportement devient tellement ancré qu'il se produit automatiquement sans effort conscient.

Mauvaise habitude

Un comportement récurrent qui a un impact négatif sur votre bien-être physique, émotionnel ou financier, souvent déclenché par une gratification immédiate.

Déclencheur comportemental

Un événement, une émotion ou un indice qui déclenche une action habituelle, qu'elle soit positive ou négative.

Effet composé

Le principe selon lequel de petites actions cohérentes, répétées au fil du temps, produisent des résultats significatifs.

Repères

Les déclencheurs externes ou internes qui incitent à adopter un comportement habituel, tels que le moment de la journée, le lieu ou les émotions.

Gratification différée

La capacité de résister à une récompense immédiate en faveur d'une récompense plus importante ou plus significative plus tard.

Discipline

La pratique consistant à choisir systématiquement des actions alignées sur vos objectifs à long terme, même lorsque cela semble difficile dans l'immédiat.

Intelligence émotionnelle (QE)

La capacité de reconnaître, de comprendre et de gérer ses propres émotions tout en faisant preuve d'empathie et en influençant les émotions des autres.

Boucle de rétroaction

Un cycle dans lequel les résultats de votre comportement fournissent des informations qui renforcent ou découragent ce comportement à l'avenir.

Discipline financière

Pratique consistant à gérer l'argent de manière responsable en établissant un budget, en épargnant et en évitant les dépenses impulsives.

Boucle d'habitude

Un cycle en trois parties qui conduit à un comportement habituel, composé d'un signal, d'une routine et d'une récompense.

L'empilement des habitudes

Pratique consistant à créer de nouvelles habitudes en les reliant à des habitudes existantes, ce qui facilite leur mise en place et leur maintien.

Gratification immédiate

Le désir d'éprouver un plaisir ou une satisfaction instantanée, souvent au détriment d'objectifs à long terme.

Motivation intrinsèque

Il s'agit d'une volonté personnelle d'accomplir quelque chose qui correspond à ses valeurs et à ses passions, plutôt que de rechercher des récompenses extérieures.

L'habitude de la clé de voûte

Une habitude unique qui a un effet d'entraînement, influençant positivement d'autres domaines de votre vie.

La pleine conscience

La pratique d'être présent et pleinement engagé dans le moment, qui aide à identifier et à modifier les habitudes inconscientes.

Neuroplasticité

La capacité du cerveau à former de nouvelles connexions et voies, permettant des changements de comportement et d'habitudes.

Surcorrection

L'acte de faire un changement extrême ou insoutenable pour inverser une mauvaise habitude, conduisant souvent à l'épuisement ou à l'échec.

Renforcement positif

Récompenser un comportement souhaité pour encourager sa répétition.

Comportement réactif

Une réponse automatique et émotionnelle à une situation, sans pause ni réflexion sur les conséquences.

Recadrage

L'acte de changer la façon dont vous percevez une situation, en transformant souvent les défis en opportunités de croissance.

Habitude de remplacement

Une habitude positive adoptée délibérément pour prendre la place d'une habitude négative.

Récompense

L'avantage ou le soulagement qui renforce une habitude, encourageant sa répétition.

Conscience de soi

La capacité de reconnaître et de comprendre ses pensées, ses émotions et ses comportements, ce qui est essentiel pour changer ses habitudes.

Recul

Une interruption temporaire des progrès qui donne l'occasion de réévaluer et d'ajuster ses stratégies.

Objectifs SMART

Un cadre de fixation d'objectifs qui garantit que les objectifs sont spécifiques, mesurables, réalisables, pertinents et limités dans le temps.

L'erreur des coûts irrécupérables

La tendance à poursuivre un comportement en raison d'un investissement antérieur en temps, en argent ou en énergie, même lorsque ce comportement n'est plus utile.

Visualisation

La pratique consistant à imaginer mentalement ses objectifs et le processus pour les atteindre afin d'accroître la motivation et la clarté.

Volonté

La capacité à résister aux tentations à court terme et à se concentrer sur des objectifs à long terme, souvent considérée comme une ressource limitée qui doit être reconstituée.

Zone d'inconfort

L'état mental ou émotionnel dans lequel se produisent la croissance et le changement, car il remet en question les modes de pensée et d'action habituels.

Ce glossaire vous aidera à clarifier les concepts et les termes clés tout au long de votre parcours pour inverser les mauvaises habitudes et créer une transformation durable.

Enfin, si vous avez aimé ce livre, prenez le temps de partager vos impressions et de poster une critique sur Amazon. Nous vous en sommes reconnaissants !

Merci beaucoup,

Brian Mahoney

www.ingramcontent.com/pod-product-compliance
Lightning Source LLC
LaVergne TN
LVHW012024060526
838201LV00061B/4442